Gauss 9. 2002

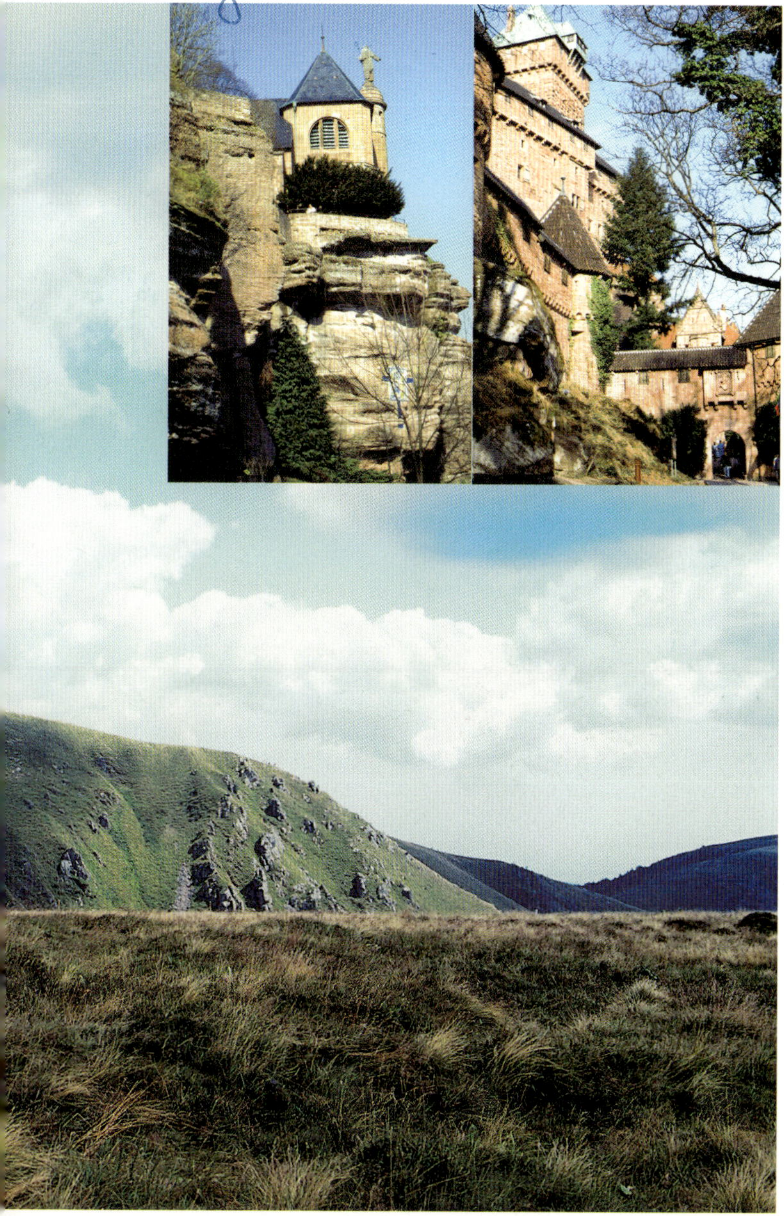

„QUATUOR vie sunt que ad sem jacobu - Vier Wege sind es zum Hl. Jakobus" - Liber IIII. SCI JACOBI des Codex Calixtinus

Vorhergehende Seite
Großes Bild: Auf dem GR 5 beim Hohneck
o.l.: Mont Ste. Odile
o.r.: Ht. Koenigsbourg

BERT TEKLENBORG

JAKOBSWEG DER FREUDE

Von Strasbourg nach Santiago de Compostela

Salem Edition

„Da wallfahrtet jemand nach Jerusalem,
Rom oder zum heiligen Jakob,
wo er nichts zu suchen hat,
und läßt dafür Weib und Kind im Stich..."

Lob der Torheit, Erasmus von Rotterdam 1509

Impressum

Bert Teklenborg
Jakobsweg der Freude
Von Strasbourg nach Santiago de Compostela
Wanderreiseführer, Routenplaner
Copyright © 2000 Salem Edition
Alle Rechte beim Autor

Computergrafik: Bert Teklenborg
Gesamtherstellung: Druckhaus Müller, Langenargen

ISBN 3-9805535-0-7

Inhalt

Hallo, bonjour, buenas dias!

Es sind noch keine drei Jahre her, da wurde der Fernwanderweg von Strasbourg nach Santiago de Compostela unter dem Namen »Jakobsweg der Freude« aus der Taufe gehoben. Offensichtlich fand er viele Freunde, und so können wir Ihnen heute eine völlig überarbeitete und aktualisierte Neuausgabe präsentieren. Dabei wurde die der ersten Auflage zugrunde liegende Idee, so nahe wie möglich an die Situation, die Stimmung der Pilger des Mittelalters heranzukommen, beibehalten: die gewählten Wanderwege im Herzen Frankreichs führen durch schier endlose Wälder und die unberührte Natur der Vogesen, von Lorraine, Haute Marne, Burgund und Aubrac. Einsame Landstriche sorgen dafür, daß Sie stunden-, ja manchmal auch tagelang unterwegs sind, ohne auch nur einem Menschen zu begegnen.

Was die Pilgerwege des Mittelalters betrifft, so sind dies heute zumeist befestigte Landstraßen - es galt also zunächst, möglichst parallel zur Pilgerroute verlaufende Wanderwege zu finden. Das erste Drittel des hier vorgestellten Weges nach Santiago de Compostela orientiert sich denn auch an bestehenden GR-Wanderwegen (Grande Randonnée) und verläuft nur selten auf einem geschichtlich ausgewiesenen Pilgerweg. Allerdings wurde der Startort Odilienberg bei Strasbourg nicht ohne Grund gewählt: die erste europäische Straßenkarte, die um das Jahr 1500 von einem Nürnberger Kartographen erstellt wurde, führt als Anlaufstelle für Jakobuspilger »Ste.Odilia« an. Wir wandern eine weite Strecke über alte Römerstraßen *(Voie Romaine)*, besuchen gemeinsam die ökumenische Gemeinschaft Taizé und das für die Jakobspilger des Mittelalters so wichtige Cluny, bevor uns das Massiv Central besondere Anstrengungen abverlangt.

Dies trifft auch zu für den Weg von Le Puy über die Monts-d'Aubrac nach Espalion: der Wanderweg GR 65 entlang der *Via Podiensis*, einem der vier wichtigsten mittelalterlichen Pilgerwege in Frankreich, verläuft meist in über 1000 m Seehöhe durch äußerst karge Landschaften, und war daher von den Pilgern besonders gefürchtet. Die Belohnung für die Mühen der ersten Etappen erwartet Sie im lieblichen Tal des Lot und noch mehr Stimmung kommt auf, wenn Sie Conques, Cahors und Moissac hinter sich haben und Richtung Baskenland unterwegs sind. Bei Ostabat trifft unser Weg auf die Routen aus Vézelay/Périgueux *(Via Lemovicensis)* und Tours/Bordeaux *(Via Turonensis)*. Hier erahnen Sie bereits die große Hoffnung, die tausende und abertausende Pelerins des Mittelalters auf die Straße gebracht hat. Eine Steigerung dieses Gefühls erfahren Sie, wenn nach St. Jean-Pied-de-Port die Überquerung der Pyrenäen ansteht und Sie gemeinsam mit anderen Pilgern auf Santiago zuwandern.

Der Camino lebt von seiner Geschichte

Was war eigentlich der Anlaß für die Pilgerfahrten nach Santiago de Compostela, die aufgrund der unsicheren Landstraßen - soweit überhaupt vorhanden - zur damaligen Zeit ein großes Abenteuer darstellten und, wie die heute noch vorhandenen Grabsteine bezeugen, es kehrten ja doch manche von dieser Reise nicht nach Hause zurück. Es war nicht selten blanke Not, die Jakobspilger auf die Straße brachte, mit einem Bruchteil der Informationen, die in diesem Führer stehen - sie hatten oft nichts mehr zu verlieren. Wen es so hinaustreibt, der packt keine Reisekoffer, spannt keine Kutsche an, sondern schnürt sein Bündel und macht sich auf den Weg. Ob man ankommt, ist ungewiß.

Auf der Suche nach dem geschichtlichen Hintergrund stoßen wir auf die Spuren von Jakobus dem Älteren, einem Jünger Jesu Christi, den sein Auftrag, das Christentum zu predigen, auch auf die Iberische Halbinsel führte. Sein Märtyrertod nach seiner Rückkehr nach Jerusalem ist bezeugt. Die Sage erzählt, daß der Leichnam von seinen Jüngern mit dem Schiff an den letzten Ort seines Wirkens, der römischen Siedlung *Iria Flavia* an der atlantischen Küste Iberiens, gebracht und dort beigesetzt wurde. Das Grab geriet in Vergessenheit und erst zur Zeit Karls des Großen nach dessen Spanienfeldzug gegen die Mauren wurde es durch »wunderbare Offenbarung« wieder entdeckt. Offen blieb bis heute, ob es sich bei den in dieser Grabstätte gefundenen Gebeinen wirklich um die Reliquien des Hl. Jakobus handelt. Doch daran zweifelten die Menschen des Mittelalters nicht - der Glaube gab denen Kraft, die auf seine Unterstützung bei der Vertreibung der Feinde Spaniens setzten. Mit dem Schlachtruf »Santiago« ging man nicht nur in den Kampf gegen die Mauren, sondern auch noch an die Eroberung Lateinamerikas im 16. Jh. So kam es in den folgenden Jahrhunderten zu einer überzeugten Annahme der Jakobussage in der christlichen Welt und bereits Mitte des 12. Jh. war Compostela neben Jerusalem und Rom das herausragende Pilgerziel für Millionen Gläubige.

Wenn der gebildete Leser

„…in unseren Werken die Wahrheit sucht, wird er sie in diesen Blättern bedenkenlos und ohne Zögern finden;" so beginnt der Text eines überlieferten Reiseführers aus dem 12. Jh., *Codex Calixtinus* genannt, der allen Pilgern seiner Zeit sehr anschaulich vor Augen führte, wie sie sich auf dem langen Weg nach Santiago de Compostela machen konnten und was sie auf ihrer Reise so alles erwartete. Ein weiterer historischer Reisebericht ist das im Jahre 1495 erstmals erschienene Werk des Hermann Künig von Vach. In diesem Itinerar, von dem bis 1521 fünf (!) Auflagen bekannt sind, schildert er seine Wanderung auf einer *oberstrass* via Schweiz, Rhonetal und Languedoc hin zum *camino francés* in Spanien (vgl. »Auf Jakobswegen: Schweiz, Savoyen, Rhone« im gleichen Verlag) sowie einer *niederstrass*, die nach der Rückkehr über die Pyrenäen zuerst in Atlantiknähe Richtung Bordeaux verläuft, und später über Poitiers, Tours und Paris via Brüssel nach Aachen gelangt. Er nennt Wege, Entfernungen und Ortsnamen und alles, was sonst noch wichtig war: Brücken und Fähren (mit Fahrpreisen), Klöster und Hospize, gute und schlechte Pilgerherbergen. Das entspricht (im übertragenen Sinne) im wesentlichen dem Inhalt dieses Wanderreiseführers und Routenplaners. Bei einigen von ihm benutzten Wegen dürfte es sich um tausend Jahre alte Römerstraßen gehandelt haben, über die auch unser Wanderweg streckenweise führt. Während der gesamten Reise finden Sie zum gegebenen Zeitpunkt Hinweise auf interessante Plätze und Bauwerke der Pilgerhochzeit, ergänzt durch überlieferte Texte vom Ort des Geschehens, sowie Informationen über Land und Leute. Damit erfahren Sie aktuelle Reisebegleitung und geschichtliche Überlieferung in einem und können sich gut in die Rolle der mittelalterlichen Pilger versetzen.

Das angebotene Kartenwerk beschränkt sich auf die schematische Wiedergabe des Wegeverlaufs und der Markierungen der Wanderwege; es erleichtert mit Sicherheit einen neuen Einstieg in Teilstrecken, falls Sie nicht zu den Glücklichen gehören, die die gesamte Wegstrecke in einer Tour gehen können. Die Entscheidung, am späten Nachmittag noch eine Etappe weiter zu laufen ohne gesichertes Nachtquartier, wird

Ihnen dieser Führer nicht abnehmen (ein handliches Zelt samt Schlafsack löst meist dieses Problem), und auch nicht die Planung Ihrer Mundvorräte.

Über die meisten historischen Pilgerwege gibt es inzwischen ausführliche Schriften, aus denen der interessierte Leser weitergehende und wissenschaftlich begründete Informationen entnehmen kann (siehe Literaturnachweis im Anhang). Wenn auch die Betonung dieses Buches zuerst auf Wandern liegt, wird es doch immer wieder Gelegenheit geben, über sich selbst, Gott und die Welt nachzudenken - auf dem Weg sein, und ein Stück weit zu sich selbst. Und was kann es für uns schöneres geben, als auf solchen Wegen mit Freude ins Neue Jahrtausend zu wandern. Allein deshalb habe ich diesem Wanderweg einen Namen gegeben, der Geschichte und Gegenwart miteinander verbindet: der »Jakobsweg

der Freude« - er wird Ihnen zum *Mittler der Freude*, je weiter Sie ihn gehen.

Vom Rhein an das westliche Ende Europas - und hoffentlich bald in alle Richtungen der Windrose.

Herzlich Ihr Wegbegleiter
Bert Teklenborg

PS.: Alle genannten Wanderwege wurden in den letzten beiden Jahren nochmals begangen, die Wanderwegskizzen auf den neuesten Stand gebracht und die Wegführung in einem zusätzlichen Streckentelegramm zusammengefasst. Ein besonderes Dankeschön gilt allen Freunden des Jakobswegs, die mir in vielen Briefen ihre Zustimmung zu diesem Führer und manch nützliche Information und Anregung mitgeteilt haben.

„Warum zögerst du, Freund des heiligen Jakobus, nach diesem Ort aufzubrechen, wo sich nicht nur alle Völker und Sprachen treffen, sondern auch die Engelschöre zusammenkommen und die Sünden der Menschen vergeben werden?....Nicht ohne Grund erhalten diejenigen, die sich zum Grab des Heiligen aufmachen, den Stab und die Pilgertasche und sprechen nach kirchlichem Brauch: Im Namen unseres Herrn Jesus Christus. Nimm diese Tasche als Zeichen deiner Pilgerschaft, damit du geläutert und befreit zum Grab des heiligen Jakobus gelangen mögest, zu dem du aufbrechen willst.... Nimm diesen Stab zur Unterstützung deiner Reise und deiner Mühen für deinen Pilgerweg, damit du alle Feindesscharen besiegen kannst, sicher zum Grab des heiligen Jakobus gelangest und nach Vollendung deiner Fahrt zu uns mit Freude zurückkehrest..."

Die folgenden 77 Karten plus 4 Übersichten zeigen Ihnen eine durchgehende Wanderroute vom Mont Ste. Odile bei Strasbourg bis Santiago de Compostela in Galicien; dabei handelt es sich fast ausschließlich um markierte Wanderwege. In schwierigen Passagen erhalten Sie im Streckentelegramm zusätzliche Hinweise für den richtigen Weg; dort finden Sie auch Tips zum Einkehren und Übernachten (Ferme Auberges, Pilgerherbergen und Campingplätze). Als beste Jahreszeit empfehlen sich die Monate Mai bis Semptember; von Oktober bis weit in den April muß in den Höhenlagen und insbesondere auf dem Spanischen Weg mit extremen Wetter- und Temperaturschwankungen und einem dementsprechend schlechten Zustand der Wanderwege gerechnet werden.

Der eingezeichnete Maßstab dient zum Bestimmen der Wegstrecke; Angaben über Wanderzeiten werden Sie nicht finden - jeder kann sein Tempo, seine Ruhepausen selbst bestimmen. Hinweise auf geeignete Straßen- und Wanderkarten finden Sie im Literaturverzeichnis im Anhang. Im Textteil werden Ihnen die Orte vorgestellt, über die es etwas mehr zu berichten gibt.

Wenn Sie das nebenstehende Symbol sehen, erzählen Ihnen der Pilgerführer des *Codex Calixtinus* und andere, im Literaturverzeichnis genannte Quellen über die Pilger des Mittelalters und deren Sorgen und Nöte.

Alle Angaben wurden mit der erforderlichen Sorgfalt recherchiert, und doch kann für deren Richtigkeit keine absolute Gewähr übernommen werden. Es macht nicht zuletzt die gewisse Unvollkommenheit eines jeden Reiseführers aus, daß sich Gegebenheiten ständig ändern. Darum bin ich allen Lesern, die dazu beitragen, die hier gemachten Angaben auf dem neuesten Stand zu halten, für entsprechende Informationen an den Verlag dankbar. Bitte berücksichtigen Sie aber auch: diese Wanderung ist ein Abenteuer und nichts wäre weniger beabsichtigt als Ihnen Entscheidungen *a priori* abzunehmen.

Jakobsweg der Freude nach Santiago de Compostela
Übersicht I

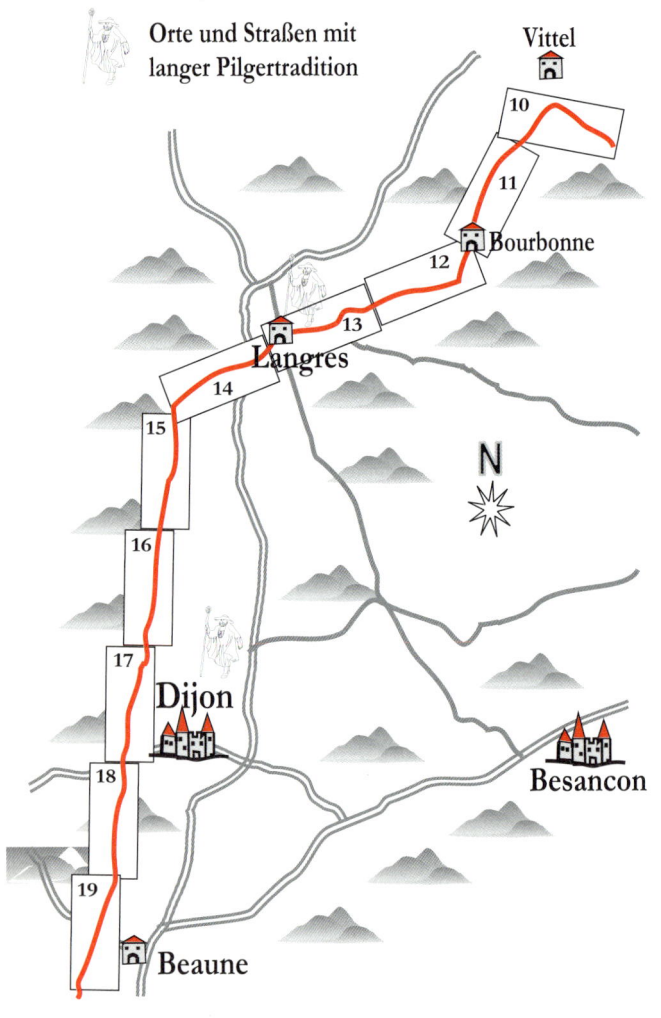

Orte und Straßen mit
langer Pilgertradition

Vittel

10

11

Bourbonne

12

13

Langres

14

15

N

16

17

Dijon

18

Besancon

19

Beaune

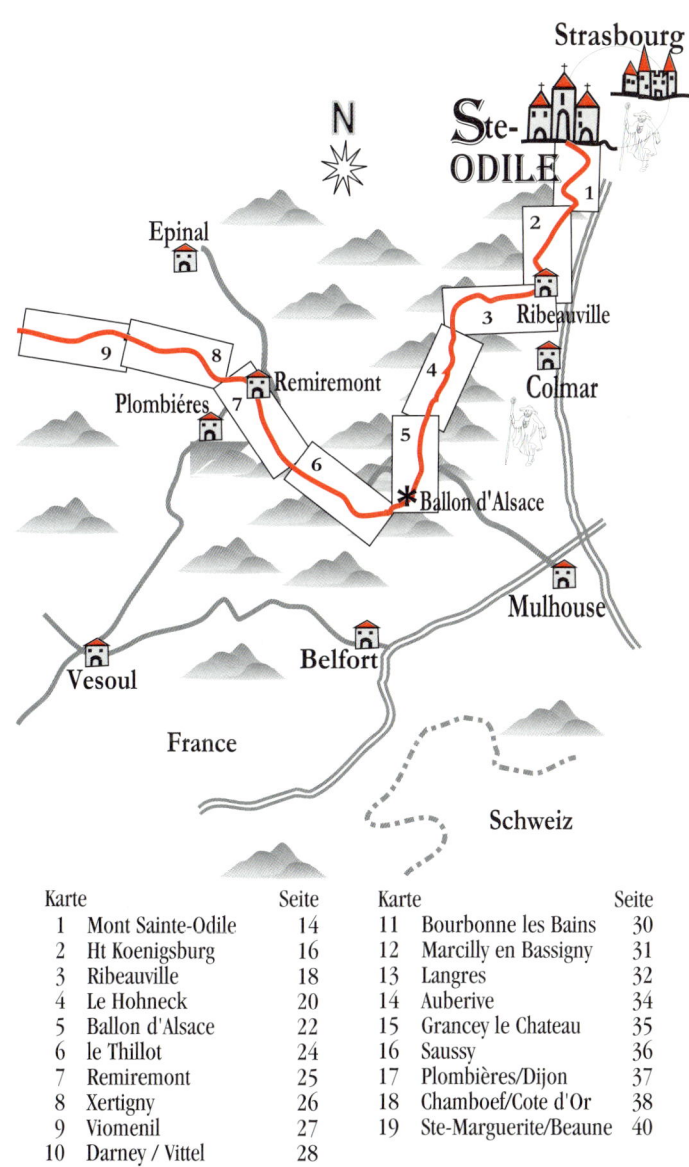

Strasbourg

Ste-
ODILE

N

Epinal

Ribeauville

9   8   Remiremont

Plombiéres   7   Colmar

6   5

* Ballon d'Alsace

Mulhouse

Belfort

Vesoul

France

Schweiz

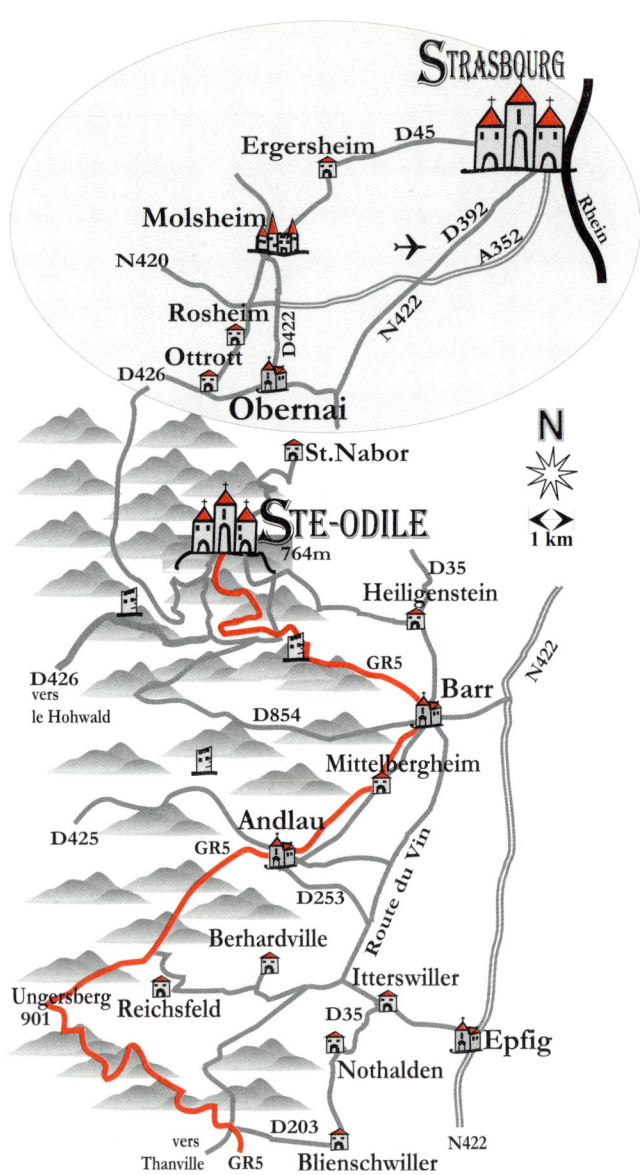

STRASBOURG

Ergersheim D45

Molsheim

N420

D392 A352

Rhein

Rosheim D422

Ottrott

D426

Obernai

N422

St.Nabor

N
1 km

STE-ODILE
764m

D35
Heiligenstein

D426
vers
le Hohwald

GR5

Barr

N422

D854

Mittelbergheim

Andlau

D425

GR5

D253

Berhardville

Route du Vin

Itterswiller

Ungersberg
901

Reichsfeld

D35

Epfig

Nothalden

vers
Thanville GR5

D203

Blienschwiller

N422

INFORMATION

Vorwahl für Frankreichs
Regionen z.B.:
Elsaß/Burgund   03-
Rhone/Loire   04-
Midi-Pyrenäen   05-
Vorwahl von Frankreich
ins Ausland: 0049-
Notruf: 17

67082 Strasbourg
Office de Tourisme
17, pl. de la Cathédrale
Hotel/Restaurant;
Camping; Jugend-
herberge; Flughafen
Mit SNCF-Bahn/Bus nach
Obernai; von dort
Wanderwege zum

Mont Ste.Odile
Hotel/Restaurant
Wanderweg (rotes Recht-
eck) über Männelstein
und Landsberg nach

67140 Barr
Syndicat d'Initiative Hôtel
de Ville; Bahnstation;

Hotel/Restaurant;
Ferme Camping;
Gites de France

GR 5 / rotes Rechteck
über Mittelbergheim
(Gites de France) nach

Andlau
Syndicat d'Initiative du
Val d'Andlau Hotel /
Restaurant

GR 5 rot-weißes Rechteck
nach Ungersberg

Strasbourg

das »Tor zum Elsaß«. Die verkehrsgünstige Lage veranlaßte die Römer, um 16 n. Chr. eine Keltensiedlung zum *Castellum Argentorate* auszubauen; im 4. Jh. erhielt der Ort von den Alemannen den Namen *Strataburgum* (Straßenburg). Rudolf von Habsburg verlieh ihr 1275 die Rechte einer Freien Reichsstadt. Straßburg hatte als kleine Republik die erste demokratische Stadtverfassung in Europa. Während des Dreißigjährigen Krieges erhob Kaiser Ferdinand die Straßburger Akademie zur Universität. Die Stadt ist Sitz von Europarat und Europaparlament und des Europäischen Gerichtshofs für Menschenrechte. Sehenswert sind vor allem die gotische Kathedrale (das Münster) sowie Bauten aus dem Mittelalter rings um den Münsterplatz und die idyllische, von der Ill umflossene Altstadt.

Sainte-Odile (Odilienberg)

Der Fels des Mont Sainte-Odile ist wohl einer der interessantesten Plätze der Vogesen, mit prächtiger Aussicht auf das Rheintal bis hin zu den Schwarzwaldhöhen. Auf dem Weg von Obernai über Ottrott und Hagelschloss nach Ste. Odile wandern wir an der Heidenmauer entlang, Reste einer keltischen Wehranlage. In der Merowinger- und Karolingerzeit stand auf der Hohenburg das Frauenkloster der Hl. Odilia, die zur Patronin des Elsaß wurde. Beim Einfall der Hunnen völlig zerstört, errichtete der elsässische Papst Leo IX um 1049 die Kirchen- und Klostergebäude neu. In einer um das Jahr 1500 erstellten Straßenkarte wird »Ste. Odilia« als Station für Jakobspilger genannt. (Bild Seite 3 o.)

Barr

Kleines Städtchen am Fuß des Mont Sainte-Odile und an der *Route du Vin* gelegen. Rathaus von 1640, auf den Grundmauern der früheren Kleppenburg errichtet; sehenswerte gotische Bürgerhäuser des 14./15. Jh. Die Kirche Saint-Martin, an der höchsten Stelle des Ortes erbaut, datiert in ihren Anfängen aus dem 12./13.Jh.

Andlau

überragt von den Ruinen der Burgen Andlau und Spesbourg. Richardis, die Gemahlin Kaiser Karls des Dicken, gründete im Jahr 880 die Abtei »Eleon«, der Sage nach von einer Bärin geleitet, welche ihr den genauen Platz zum Bau bestimmt haben soll. 1432 wurde das Städtchen mit Befestigungsmauern und Türmen umgeben. Abteikirche Sainte-Richardis aus dem 11. Jh. (Krypta) und 12. Jh.; ein Meisterwerk romanischer Kunst ist das Westportal der Vorhalle.

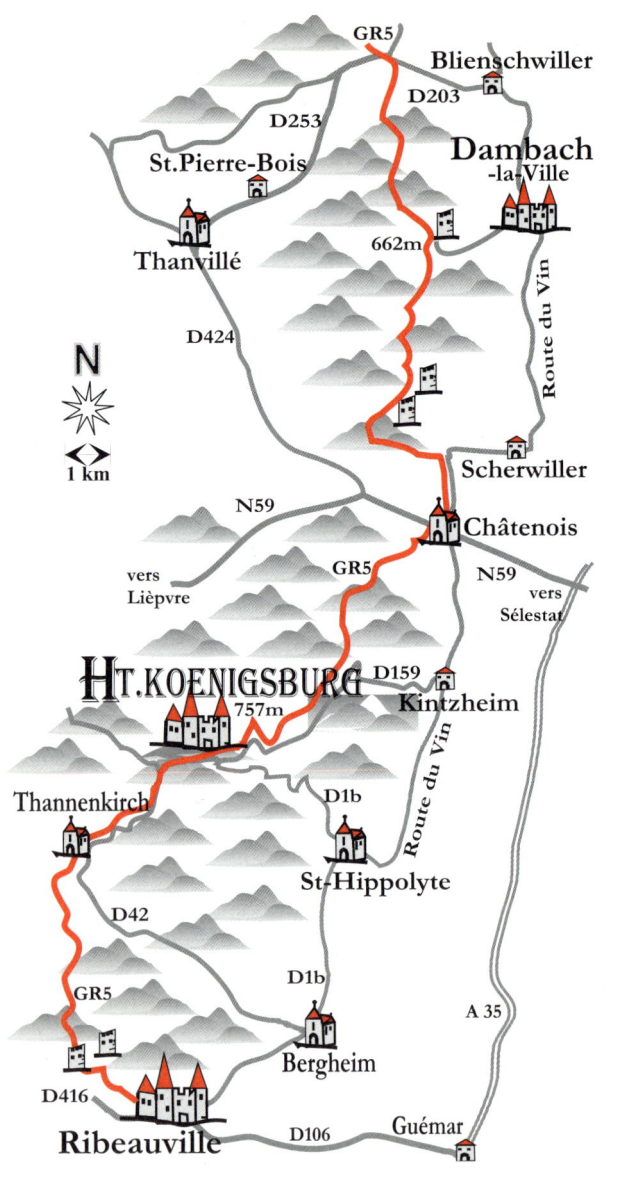

GR5

Blienschwiller

D203

D253

St.Pierre-Bois

Dambach
-la-Ville

Thanvillé

662m

Route du Vin

D424

N

1 km

Scherwiller

N59

Châtenois

vers
Lièpvre

GR5

N59

vers
Sélestat

HT.KOENIGSBURG

D159

757m

Kintzheim

Thannenkirch

D1b

Route du Vin

St-Hippolyte

D42

D1b

GR5

A 35

Bergheim

D416

D106

Guémar

Ribeauville

Auf dem Gipfel des Ungersberg

Kleiner Turm mit schöner Aussicht; hier sollen am 23. März 1493 aufständische Bauern der Umgebung zusammengekommen sein, wobei zum ersten Mal eine Fahne mit einem gebundenen Schuh, dem sogenannten »Bundschuh« (im Gegensatz zum Reiterstiefel) entfaltet wurde, der zum Symbol im bald darauf ausbrechenden Bauernkrieg werden sollte.

Châtenois (Kestenholz)

am Fuß des Hahnenbergs gelegen. Kirche von 1760 mit romanischem Turm. Im Inneren zwei Basreliefs aus der Dürer-Schule, 16. Jh.; Rathaus von 1493; Stadttor mit Fachwerkaufbau aus dem 15. Jh.; Reste der alten Stadtbefestigung.

Haut-Koenigsbourg

Die Ritterburg steht auf einem vorspringenden Bergkegel, hoch über der Rheinebene; erste urkundliche Erwähnung aus dem 12. Jh. Ab dem 15. Jh. war sie Sitz berüchtigter Raubritter, die erst im Jahre 1462 durch eine gemeinsam durchgeführte Belagerung der Städte Straßburg und Basel bezwungen werden konnten. 1633 nahmen die Schweden die Burg ein und steckten sie in Brand. In den Jahren 1900 bis 1908 ließ Kaiser Wilhelm II. die Burganlage in ihrer heutigen Form auf Reichskosten wieder aufbauen.

Nach Durchquerung der äußeren Höfe kommen Sie über eine Zugbrücke zur eigentlichen Burg. Das Löwentor (Porte des Lions) führt zur Wachstube, dem 62 m tiefen Brunnen, dem Keller, der Küche und einem Speisesaal. Im Geschoß darüber sieht man den Festsaal mit großem Kamin, den Lothringer Saal, die Wohn- und Schlafzimmer und die Räume, die der Jagd gewidmet sind, sowie den Rittersaal mit zahlreichen Bannern und Waffen. Ein Schloßgarten führt zu den höher gelegenen Aussichtsplätzen und Verteidigungsanlagen. (Bild Seite 3 u.)

Château Saint-Ulrich

eine der malerischsten und architektonisch interessantesten Anlagen der Vogesen. Vom Bergfried prachtvolle Aussicht auf Ribeauville und die Ebene. Die Burg wird bereits 1048 als *Castrum Rappoltstein* urkundlich genannt.

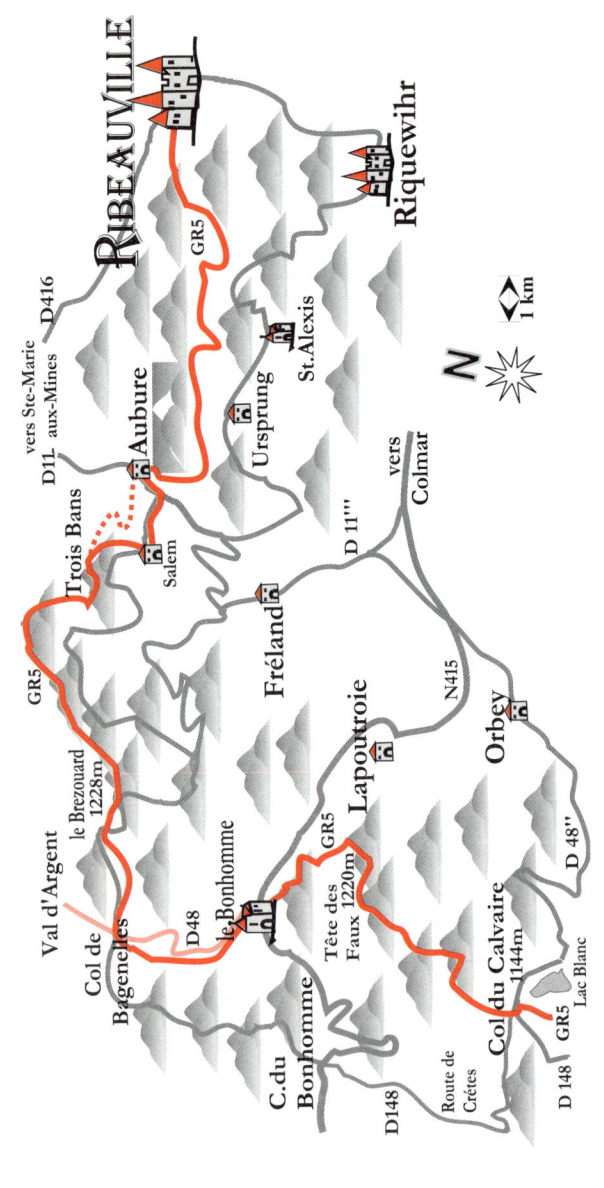

68150 Ribeauville

Office de Tourisme; nächste Bahnstation: Guémar (5 km); Hotel/Restaurant; Camping; Abstecher nach

68340 Riquewihr

Office de Tourisme; Bahnstation: Colmar (13 km); Busverbindung;Hotel/Restaurant; Camping

Von Ribeauville aus weiter über Seelacker, Bilstein, Bärenhütte, Königsstuhl, Auerhahnfelsen nach

68150 Aubure (Altweier)

Höhenluftkurort im Tannenwald; Gites de France

GR 5 am Col de Fréland rechts ab über den Rehberg (alternativ im Ort über Ste. Vierge) nach le Brézouard, Col des Bagenelles nach

le Bonhomme

Busstation; N 415 Colmar-Nancy; Lapoutroie: Gites de France; Ferme Camping

Über den Tête des Faux zum Col du Calvaire; hier tangiert der GR 5 die »Route des Crétes« (Vogesenkammstraße), eine strategische Straße aus dem 1.Weltkrieg.

GR 5 oberhalb des Lac Blanc

Ribeauvillé (Rappoltsweiler)

Reizendes Weinstädtchen in idyllischer Lage an der *Route du Vin*. Der Ort wird erstmals im Jahr 759 genannt als Lehen Fulrads, eines Kaplans Pippins des Kurzen; später ging er in das Eigentum des salischen Kaiserhauses und des Bistums Basel über, bis die Grafen von Rappoltstein ihn in Besitz nahmen. In Rappoltsweiler, nahe der alten Völkerstraße entlang des Rheins, versammelten sich jedes Jahr zu Mariä Geburt am 8. September, alle »farende Lüte«, um ihre Angelegenheiten zu ordnen und Recht zu sprechen. Nach beendigter Tagung zog man mit Musik und Glockengeläut zur Messe und dann hinauf ins Schloß, um dem »Pfeifferkönig«, dem Grafen von Ribeaupierre, Huldigung und Tribut abzustatten. Eglise Notre Dame, dreischiffige Basilika Baubeginn 1282; im Seitenschiff eine Muttergottes-Darstellung um 1470 mit einer für die elsässische Frauentracht typischen Flügelhaube als Kopfbedeckung. Tour de Bouchers (Metzgerturm), 13. Jh., obere Teile aus dem 16. Jh., ehemals Torturm zwischen Ober- und Unterstadt. Wehrtürme der alten Stadtumwallung, zum Teil mit Storchennestern. Vor dem Rathaus der Marktbrunnen von 1536.

Riquewihr (Reichenweier)

wird wegen seinem mittelalterlichen Ortsbild, das wohl nirgends im Elsaß so rein erhalten ist, die »Perle des Reblandes« genannt. Reichenweier wurde 1291 mit Mauern umgeben und 1320 zur Stadt erhoben. Seit 1324 gehörte es den Herzögen von Württemberg und erlebte unter ihnen zusammen mit Horbourg bei Colmar und Montbéliard (Mömpelgard) das wechselvolle Schicksal der linksrheinischen Besitzungen dieses Hauses. Der Ort wurde im Bauernkrieg 1525 und im Dreißigjährigen Krieg belagert, erstürmt, geplündert und später von Pest und Hungersnot heimgesucht. Im Jahr 1680 unter französische Verwaltung gestellt, kam das Städtchen 1801 durch den Frieden von Luneville endgültig zu Frankreich. Die wohlerhaltenen Stadtmauern und Tortürme, prachtvolle Bürgerhäuser im gotischen und Renaissancestil wechseln mit reich geschmückten Brunnen und malerischen Höfen. Der Dolder am Place de la Sinn ist wohl der schönste Torturm des Elsaß. Er wurde 1291 errichtet, die Fachwerkgeschosse stammen aus dem 16. Jh.

Lac Blanc

Fussweg vom Col du Calvaire zum Weißen See; der Gletschersee, überragt vom burgartigen Felsen »Burg Hans«, bildet zusammen mit dem Lac Noir ein Wasserkraftwerk.

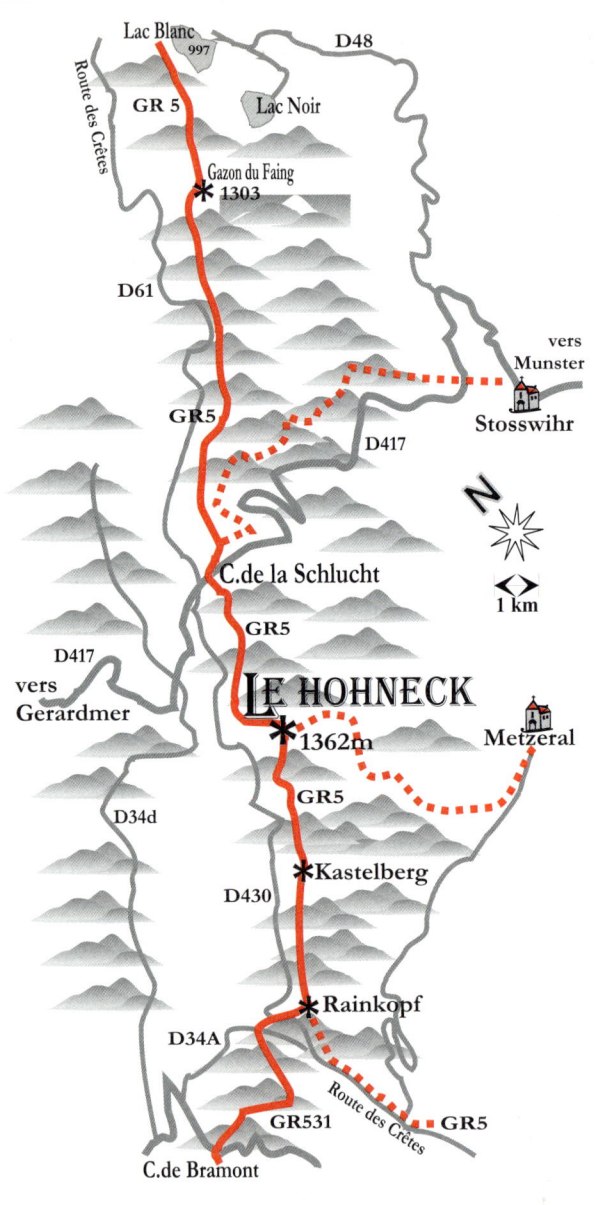

Lac Blanc
997
D48
GR 5
Lac Noir
Gazon du Faing
✳ 1303
D61
GR5
vers Munster
Stosswihr
D417
C.de la Schlucht
GR5
D417
vers Gerardmer
LE HOHNECK
✳ 1362m
Metzeral
GR5
D34d
✳ Kastelberg
D430
✳ Rainkopf
D34A
Route des Crêtes   GR5
GR531
C.de Bramont

Route des Crêtes

N

1 km

Vom Col du Calvaire über
Gazong du Faing nach

*Col de la Schlucht
(Schluchtpass)*
Kreuzung D 417 Colmar-
Gérardmer und Vogesen-
kammstraße, eine der
meistbefahrenen Strecken
der Vogesen; Ferienort
und beliebtes Skigebiet;
Camping Richtung
Gérardmer am Lac Longe-
mer; Hotel/Restaurant;

D 417 von Munster nach
Gerardmer

GR 5 weiter auf die kahlen
Höhen von

le Hohneck
Orientierungstafel;
Breitzhousen: Hotel/Res-
taurant; Schnepfenried:
Ferme Auberge; Metzeral:
Ferme Auberge;
Ferme Camping

GR 5 über Kastelberg
nach Rainkopf; hier
**wechseln auf den
GR 531**; nach dem
Überqueren der Route
des Crêtes Richtung

Col de Bramont
Landstrasse D 13 nach
La Bresse

Le Hohneck

Eine der höchsten Erhebungen der Vogesen; großartiges Panorama vom Donon-Massiv bis zum Grand Ballon, sowie auf die elsässische Ebene und den Schwarzwald. Über den Gipfel des Hohneck verlief von 1871 bis 1918 die deutsch-französische Grenze; Grenzgraben und Grenzsteine sind noch vorhanden. Da es uns manchmal schwerfällt, daran zu glauben, daß dieses Land nicht immer nur Schlachtfeld war, sollen Sie nun etwas mehr über seine wechselvolle Geschichte erfahren. Als erstes historisch faßbares Volk im Elsaß gelten zum Beginn der Eisenzeit die Kelten; während der Völkerwanderung alemannisch besiedelt, kam es im Jahr 496 nach Chlodwigs Sieg unter fränkische Herrschaft. Als Teil des lothringischen Mittelreiches fiel das Land 870 an das ostfränkische Reich und wurde 925 mit dem Herzogtum Schwaben vereinigt. In der Stauferzeit war das Elsaß ein ganz bedeutender Teil der königlichen Hausmacht. Die baufreudigen Staufer, insbesondere Kaiser Friedrich Barbarossa, errichteten allenthalben stattliche Burgen; durch Handel und Verkehr erblühten die Städte, ein reiches geistiges Leben entfaltete sich im Land. Von dieser großen Zeit legen noch heute viele romanische Kirchen und Klosterbauten eindrucksvolles Zeugnis ab. Nach dem Untergang der Staufer zerfiel das Land in eine große Zahl weltlicher und geistlicher Territorien. Von großer Bedeutung waren die Reichsstädte Straßburg, das sich von der bischöflichen Oberhoheit befreien konnte, Weißenburg, Hagenau, Schlettstadt, Colmar und andere, die sich im 14. Jh. in der »Dekapolis« vereinten. Elsässisches Selbstbewußtsein erfüllte auch die aufständischen Bauern, die ihren Forderungen durch den Zusammenschluß im »Bundschuh« Nachdruck verliehen. Nach dem Dreißigjährigen Krieg kamen 1648 durch den Westfälischen Frieden die habsburgischen Besitzungen im Elsaß an Frankreich.

Auch Sprache und Schrift im Elsaß haben ihre Geschichte, wobei ein Dokument aus dem Jahre 842 für die französische und deutsche Sprache von höchster Bedeutung ist. Es handelt sich um die sogenannten »Straßburger Eide« in den Volkssprachen der west- und ostfränkischen Karolinger. Der Text stellt im gallorömischen Teil eine frühe Stufe des Französischen dar, im ostfränkischen Textteil ein sehr frühes Deutsch. Bereits zur Zeit der ersten Jakobspilger verlief die Sprachgrenze mitten durch Lothringen, in dessen westlichem Teil französisch, im östlichen eine fränkische, vom alemannischen beeinflußte Mundart gesprochen wurde.

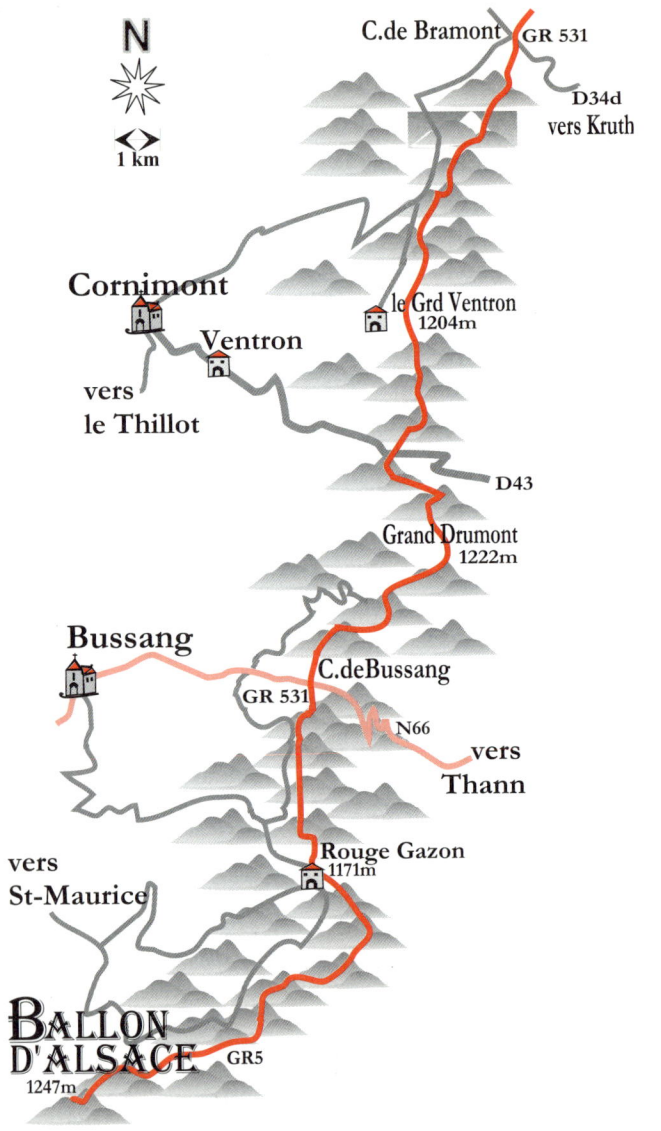

N

1 km

C. de Bramont GR 531

D34d
vers Kruth

Cornimont

Ventron

vers
le Thillot

le Grd Ventron
1204m

D43

Grand Drumont
1222m

Bussang

C. de Bussang

GR 531

N66 vers
Thann

vers
St-Maurice

Rouge Gazon
1171m

BALLON
D'ALSACE

GR5

1247m

Wanderweg GR 531
entlang der Vogesen-
kammroute über

le Grd Ventron
(Ferme Auberge),
le Petit Ventron (Ferme
Auberge), Col d'Oderen
(D43 Ventron/Oderen);
weiter zum

Grand Drumont
Petit Drumont
(Orientierungstafel),
großartiger Rundblick
(Ferme du Drumont).

Abstieg Richtung Bussang
bis zum Col de Bussang
an der N 66 (Thann/
Bussang)

88540 Bussang
Syndicat d'Initiative, 7
Rue d'Alsace; Hotel/Res-
taurant, Camping; Ferme
Auberge; Gîte d'étape
Kruth: Ferme Auberge

68800 Thann
Office de Tourisme; Bahn-
station; Hotel/Restaurant,
Camping

Vom Col de Bussang weiter
auf dem GR 531 über die

Tête des Allemands,
Neufs Bois,
Rouge Gazon (Ferme
Auberge),
des Perches, zum

Ballon d'Alsace

Col de Bussang

Col de Bussang (deutsch: Paß zur Linde), 731 m; liegt zwischen
dem Bergmassiv des Drumont, 1200 m, im Norden und der
Tête des Allemands, 1004 m, im Süden. Busverbindung
von/nach Thann und Bussang, bekanntes Touristenzentrum.
Moselquelle (Quellfassung, Darstellung des Mosellaufs)

Thann

Der Ort erscheint erstmals in Urkunden des 10. Jh. Im Mittelalter war er im Besitz der Habsburger; nach dem Westfälischen Frieden fiel Thann an Frankreich. 1658 schenkte Ludwig XIV. die Stadt dem Kardinal Mazarin und seinen Erben.
Fürst Rainier von Monaco, später Nachfolger Mazarins, trägt
noch heute u. a. den Titel eines Grafen von Thann. Das Collégiale Saint-Thiébaut (Theobaldusmünster) gehört zu den
schönsten gotischen Bauten des Elsaß. Theobaldus- und Win-
zerbrunnen, Hexen- und Storchenturm sind Reste der alten
Stadtbefestigung und Wahrzeichen der Stadt. Der Ort galt im
Mittelalter als Sammelplatz für Jakobspilger.

*Was nützt es dem Menschen, geliebte Brüder
und Schwestern, eine Pilgerfahrt zu beginnen,
wenn es nicht rechtmäßig geschieht? Deshalb
möge zurecht derjenige, der sich zum Heiligtum des Hl. Jakobus begibt, vor Beginn seiner
Reise denen, die ihm Unrecht zugefügt haben,
vergeben…., wenn möglich zurückgeben, was er un-
rechtmäßig besitzt, Meinungsverschiedenheiten in seinem Herrschaftsbereich bereinigen, die Buße aller an-
nehmen, sein Haus in Ordnung zurücklassen und über
seine Güter nach Rat seiner Verwandten sowie Priester
als Almosen für seinen Todfall verfügen….*

Ballon d'Alsace

auch Elsässer Belchen oder Welscher Belchen genannt; süd-
lichster Hochgipfel der Vogesen. Der Belchen ist eine weite
Kuppe, die nach Osten hin steil und zerklüftet in das Tal der
Doller abfällt. Auf dem Gipfelplateau stehen die Statuen der
Muttergottes und der Jungfrau von Orleans, eine Orientierungstafel und (unterhalb der Straße) das Monument des Demi-
neurs. Das Panorama ist großartig; fächerförmig breiten sich
die Berge und Täler der Hohen und Niederen Vogesen zu Füßen
des Berges aus. Bei guter Sicht Blick bis zu den Schweizer Alpen.

Ballon d'Alsace 1247 m
hier beginnt der GR 7;
unterhalb des Gipfels
Hotel/Restaurant;
D 465 von Belfort nach
St-Maurice-sur-Moselle.

GR 7 (Mark. weiß-rot);
Abstieg über Col du Stalon
(Abzweig GR 533), Col du
Luthier(Abzweig GR 59)
zum Ballon de Servance
(Orientierungstafel);
Longeligoutte

Col des Croix
678 m, Hotel/Restaurant;
östlich von hier liegt Château Lambert.
Über die D 486 nach

88610 Le Thillot
Syndicat d'Initiative; Bus-
verbindung von/nach
Thann; Hotel/Restaurant;
Ferme Auberge

GR 7 quert die D 486;
Markierung weiß-rot
später streckenw. gelb;
Le noir Etang; Ht. de
l'Alouette; entlang der
D 57 mit Mark. rotes
Dreieck

La Haute Fourche
620 m, Gite de Etape

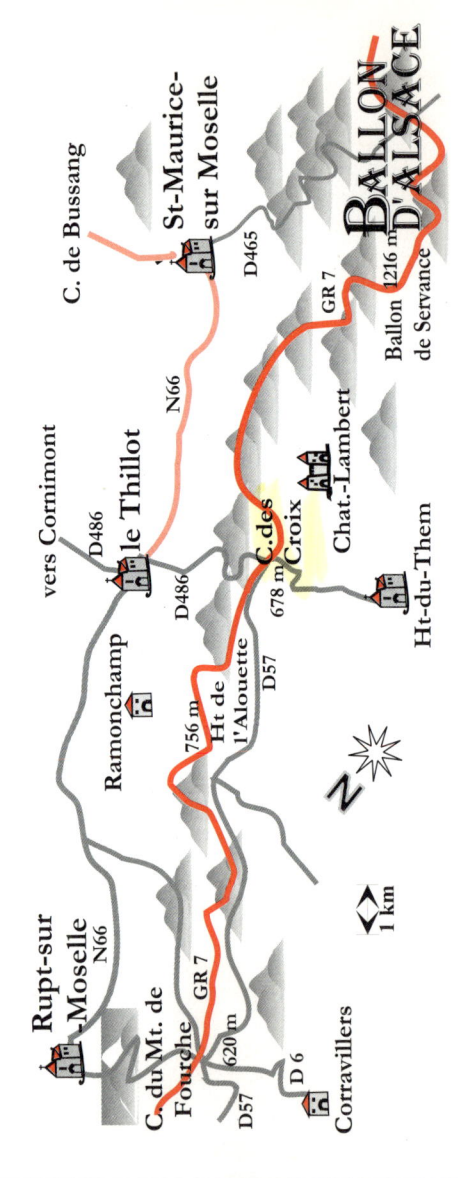

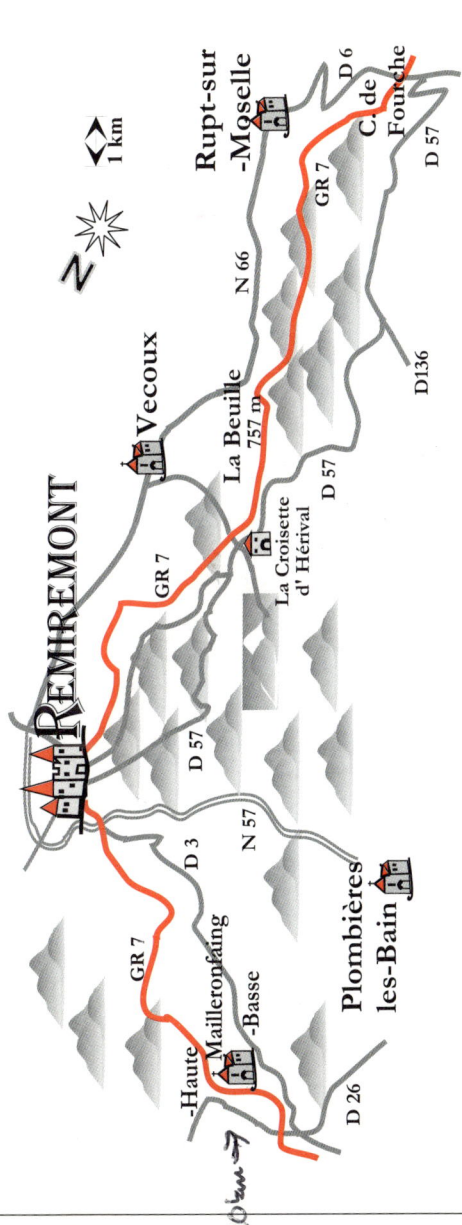

Von La Haute Fourche (Café-Restaurant) auf dem GR 7 (weiß/rot, teilw. gelbes Dreieck) nach Fort de Rupt, La Croisette d'Herival (Auberge); rechts ab nach

88200 Remiremont

Syndicat d'Initiative 2, Pl. H.-Utard; Hotel/ Restaurant; Ferme Camping Vecoux

Vom 11. Jh. bis 1789 war Remiremont Sitz eines bekannten Edelfrauen-stifts, dessen Äbtissinnen den Titel »Prinzessin des Heiligen Reiches« trugen. Eglise St. Pierre Kloster-kirche des 13. bis 16. Jh. mit alter Krypta aus dem Jahre 1049. Hotel de Ville von 1752 (Ancien Palais Abbatial) ehemaliges Äbtissinnenkloster. Malerische mittelalterliche Arkaden in der Grande-Rue General-de-Gaulle.

Wir verlassen Remiremont in Richtung St.Nabord; am Intermarche zweigt der Weg nach St. Anne ab (hier weiß/rot) Richtung Pusieux und Maileron-faing.

GR 7 quert D 26

GR 7 von Mailleronfaing
nach
- Pont du Foue (Brunnen)
- La Grand Croix
- Pont Napoleon;

GR 7 kreuzt die D 434
von Epinal nach

88220 Xertigny
Information Mairie;
Restaurant

88220 Uzemain
Restaurant; Ferme Auber-
ge; Gîte d'étape

Rasay (Restaurant)

Canal l'Est
Orientierungstafel nach
der Brücke links

— Wegzeichen —

Wer sich auf den Weg macht,
fragt nach dem Sinn seines
Lebens. Das Wort »Sinn«
bedeutet ursprünglich reisen,
sich begeben, einen Weg finden.
Gehen heißt also, auf etwas
sinnen, nach dem Sinn
fragen, nach dem Ziel suchen.

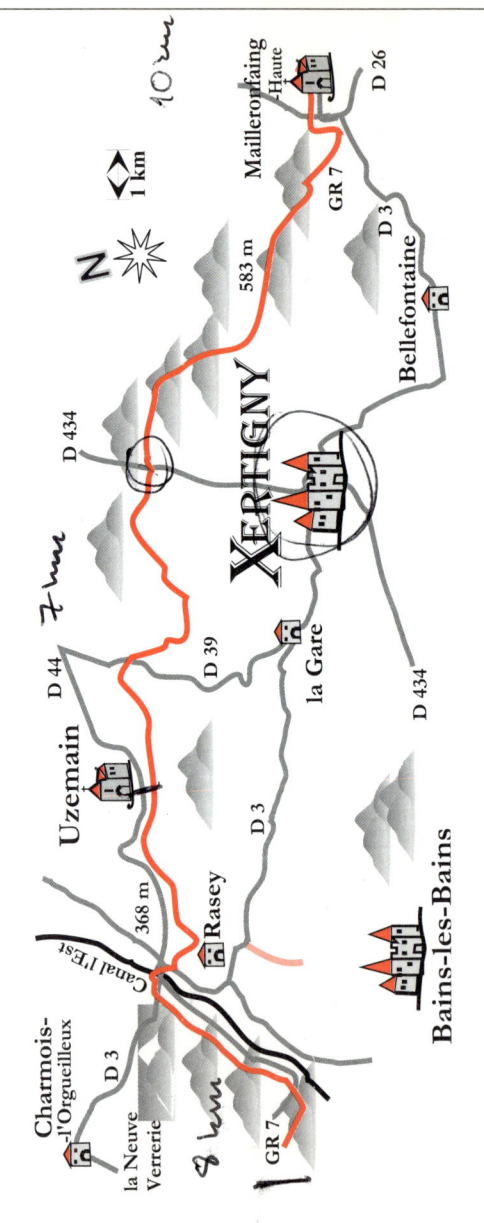

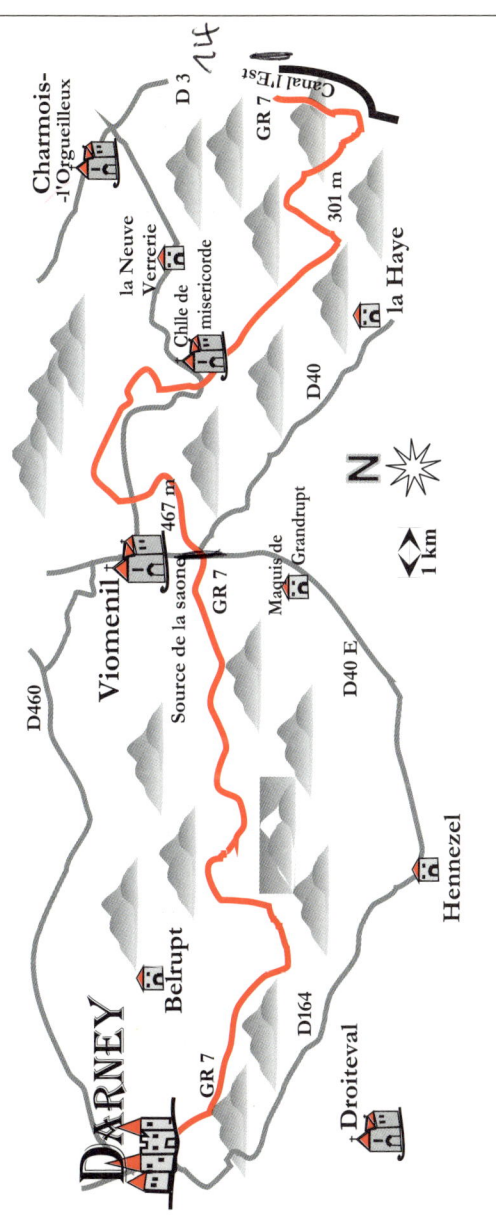

GR 7 zur Clle. de la Misericorde (Wege-Kreuzung) und weiter nach

88260 Viomenil
Saonequelle; Restaurant.

Seit ca. 500 v. Chr. lebten Kelten am Menamont, die der Quelle und dem Fluß den Namen der Göttin Sagona gaben. Die Legende erzählt vom Fisch Klupea, der bis zur Quelle schwamm, dort einen Kieselstein holte und in das Rhônedelta transportierte, wo das Sumpffieber herrschte. Die Kranken, die den Stein berührten, waren auf der Stelle geheilt. Gallische Münzen, die in der Münze von Solina geprägt wurden, zeigen auf der Rückseite das Profil des Fisches Klupea.

D 40 Rue Saint-Jacques; nach der Kreuzung rechts ein Feldweg mit einem eisernen Pfosten und weiß-roter Markierung. Kurz vor Darney verlassen wir den GR 7 für einen Abstecher nach Droiteval; Zisterzienserabtei von 1128; romanische Kirche. Über Attigny zurück auf den GR 7 nach

88260 Darney
Ferme Auberge; alter Ortskern mit Burgturm, darunter offene Markthalle.

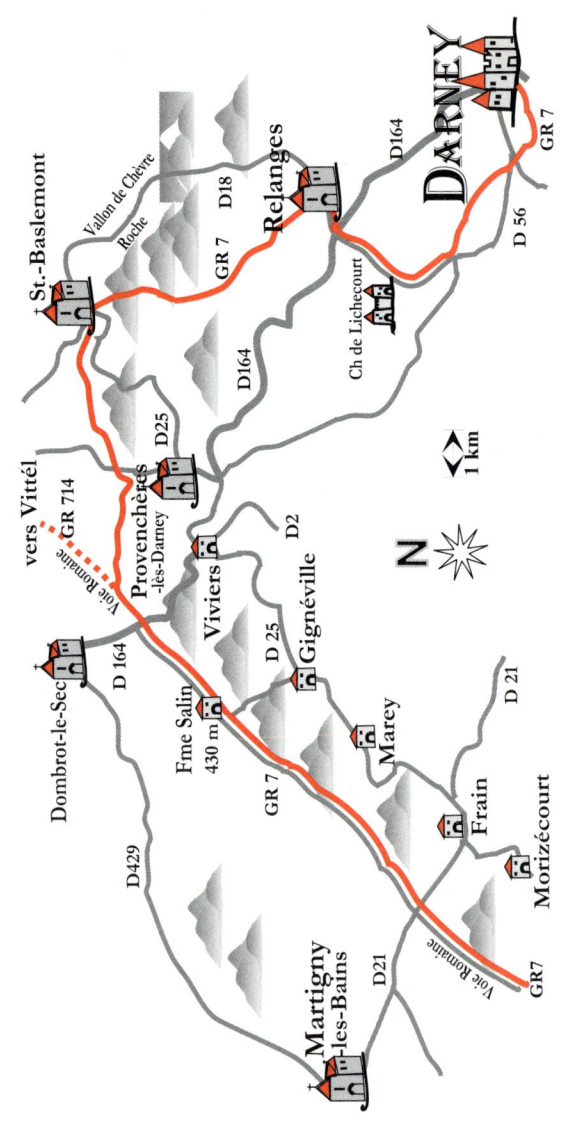

DARNEY

Relanges

D164

GR 7

D 56

D164

Ch de Lichecourt

St.-Baslemont

Vallon de Chèvre

Roche

D18

GR 7

D164

D25

Provenchères
-lès-Darney

vers Vittél

GR 714

Voie Romaine

Viviers

D2

Gignéville

D 25

Dombrot-le-Sec

D 164

Fme Salin
430 m

Marey

D 21

Frain

Morizécourt

GR 7

D429

Martigny
-les-Bains

D21

Voie Romaine

GR7

N

1 km

GR 7 vorbei an Belmont und Chateau de Lichecourt über die D 164 nach Relanges; schöne, aber sanierungsbedürftige Kirche aus dem 12. Jh.; Restaurant

GR 7 zur Kapelle von de Boneval; weiter nach St.Baslemont-Thuillieres; von hier Abstecher nach

88800 Vittel
Syndicat d'Initiative, Palais des Congres; Bahnstation; Hotel/Restaurant, Camping

Am Ortsausgang von St.Baslemont Richtung Ligneville das **weiß-rote X** beachten und links abbiegen auf die Hochebene. Feldwege führen zum *Voie Romaine*, einer schnurgeraden antiken Römerstraße aus dem 2./3. Jahrhundert. Sie beginnt dort, wo der GR 714 von Vittel auf den GR 7 trifft.

Wir folgen dem Römerweg Richtung Süden, vorbei an der Fme. du Ht. de Salin, bis zur Kreuzung der D 15 von Serécourt nach Lamarche.

Frain
Ferme Auberge

Vittel

Schon zur Römerzeit genoß der Ort einen guten Ruf als Heilbad. Durch seine günstige Höhenlage im Tal des Petit Vair, am Rand der Vogesen und an der Route Verte, und seine reizvolle Umgebung war er bis in die dreißiger Jahre eines der meist besuchten Bäder Frankreichs bei der Behandlung von Leber- und Nierenleiden. Eglise Saint Rémy, spätgotischer Bau von 1500. Bemalter Hochaltar von Claude Bassot, 16. Jh., und Madonna von Pitie, 16. Jh.; Chapelle Saint-Eloi, Rue Saint-Eloi, im 13. Jh. erbaut, restauriert.

Voie Romaine

Ich war recht gespannt auf den alten Römerweg bei Vittel; in meiner Phantasie sah ich die römischen Streitwagen, die hier vor fast 2000 Jahren in Richtung Bourbonne-les-Bains unterwegs waren. Doch weder Wagenspuren noch römische Meilensteine waren zu sehen und auch die Gedanken der marschierenden Legionäre wollten nicht so recht »rüberkommen«. Später, beim Abfahren der Fahrradstrecke entlang des GR 7, stellte ich fest, daß die parallel zum Wanderweg verlaufende D 25 über Provenchères, Viviers, etc. bis Serécourt, durch sehenswerte Dörfer mit vielen alten, zum großen Teil verlassenen Bauernhäusern führt. Eine wirklich empfehlenswerte Strecke.

GR 7; bei Aureil-Maison, queren wir die D 460 a nach Lamarche. Bei Interesse empfiehlt sich ein Abstecher nach

Morimond
Reste einer Zisterzienserabtei aus dem 12. Jh., beim See von Morimond. Über Fresnoy-en-Bassigny (gotische Kirche aus dem 16. Jh.) auf der D 139 zurück zum GR 7 nach Serqueux. Durch den Wald von Brûle über Serqueux nach

52400 Bourbonne-les-Bains
Office de Tourisme; Hotel/Restaurant; Logis de France; Camping

Sehr alte Stadt; Thermalbad; im städt. Museum *Arboretum* Funde aus galloromanischer Zeit.

Abstecher nach
52400 Coiffy-le Haut malerisch auf einem steil abfallenden Bergrücken gelegen; Camping

Wir verlassen Bourbonne-les-Bain Richtung Tierpark (gelb-blau, später weiß-rote Markierung)

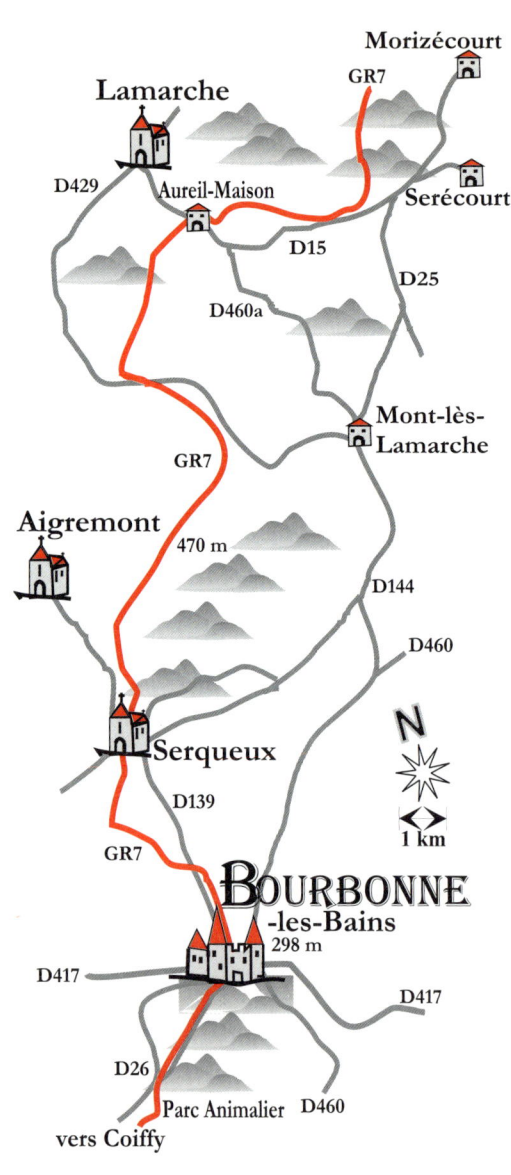

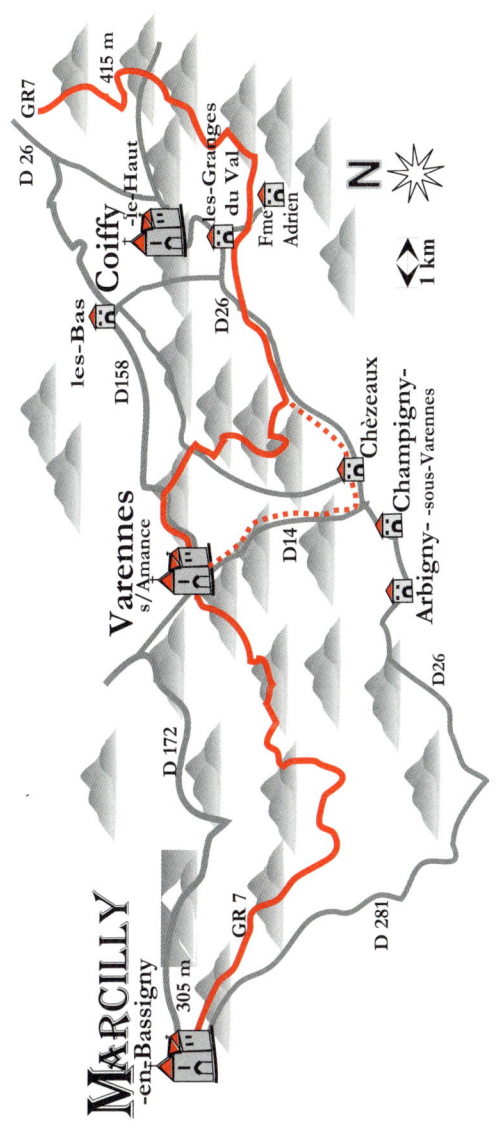

GR 7 durch den Wald von Banie, nach S/W orientieren (mangelhafte Markierung); oberhalb der Fme. de Montbéliard nach Westen bis zur D 130, die wir überqueren. Waldweg hinunter nach les Granges-du-Val; Übernachtung auf der Fme. Adrien (Schild)

GR 7 zur D 26
Achtung: sehr schlecht markierter Weg über den Bergrücken und steiler Abstieg auf der Westseite; evtl. auf der D 26 Richtung Chezeaux bleiben und später auf der D 14 nach Varennes s. Amance (gepunktete Linie)

Varennes s. Amance (Terre Natale); keine Einkehrmöglichkeit GR 7 im Ort links ab, durch das Tal von Presles nach

52360 Marcilly-en-Bassigny
Restaurant; Besuch von Andilly-en-Bassigny über die D 172; Ausgrabungsort einer bedeutenden galloromanischen Siedlung aus dem 1./2. Jh. In merowingischen Gräbern fand man Waffen und Gerät, die in einem eigenen Museum gezeigt werden.

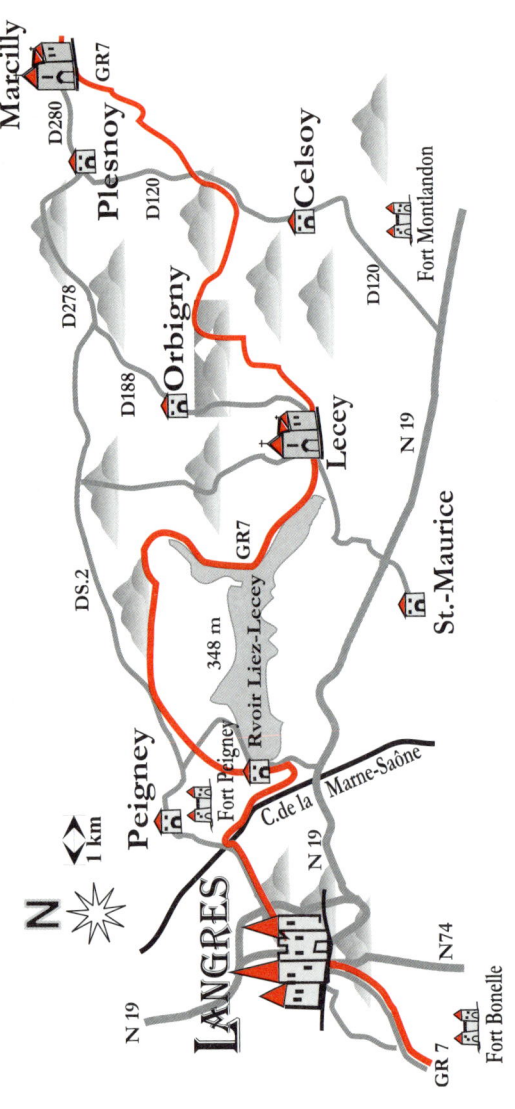

GR 7 am Ortsausgang (nach dem Brunnenhaus) über Troischamps, D 279 und D120; auf dieser Strecke keine Markierung. Nach den Bahngleisen rechts ab, Richtung Orbigny, später nach Celsoy. Im Nachbarort Besichtigung der

Ferme Montlandon
(siehe rechts)

Das Hochplateau von Langres bildet die Wasserscheide von Seine, Rhône und Rhein; es erstreckt sich vom Süden der Champagne bis nach Dijon und Châtillon-sur-Seine. Am Ortsausgang von Celsoy beginnt der Weg um den Lecey-See, 270 ha (Reservoir de La Liez).

52200 Langres

Bahnstation; Flugplatz; Office de Tourisme; Hotel/Restaurant; Logis de France; Camping

GR 7: An der Kreuzung N 74/N 19 rechts in die Av. Cap. Baudoin, vorbei an den Wohnblocks bis zum Haus »Les Cyclamens« rechts ab; Eisenbahnunterführung (ab hier weiß/rot) Richtung Buzon und über die Felder nach

Noidant

Montlandon

Militärische Festung (Fort Mortier), errichtet von 1883 bis 1885, die jüngste Befestigung des Verteidigungsgürtels von Langres. Sie war dazu bestimmt, die Schützengräben der Stadt Langres zu decken sowie die Senke zur Burgundischen Pforte (Trouée de Belfort) zu beherrschen. Seit einigen Jahren ist hier ein Bauernhof eingerichtet mit speziellen Kasematten für den Empfang und die Verköstigung der Gäste. Führung durch die Festung und das Gehöft. Auf Wunsch nach der Besichtigung ein Imbiß auf dem Bauernhof (Ziegenkäse und hausgemachte Topfpasteten).

Langres

liegt auf einem Felsvorsprung über der Hochebene; herrliches Panorama vom Tour Saint-Ferjeux (15. Jh.). Folgen Sie von hier aus dem empfohlenen Stadtrundgang über die 4 km langen Wallanlagen, bestehend aus 6 Toren (das sehenswerteste ist das Mühlentor Porte des Moulins, 1647) und 7 Türmen, Meisterwerke militärischer Baukunst Ende des Mittelalters. Ein römisches Tor, heute in die Stadtmauer eingefügt, erinnert an die Zeit, als Langres die Hauptstadt eines bedeutenden Stammes der Gallier, der Lingons, war. In der Saison begleitet Sie ein Hellebardenträger auf der Runde zur Erkundung der 2000-jährigen Geschichte der Stadt. Kathedrale Saint-Mammes mit interessantem Kreuzgang (Bibliothek); die *Ville Capitulaire* vor der Kirche; Turm von Navarre; die kleine, mittelalterliche Kirche St. Fejeux. Eine moderne Seilbahn verbindet die Unter- mit der Oberstadt.

So wie die Menge der Gläubigen einstmals ein Herz und eine Seele war und nichts zu eigen, sondern alles gemeinsam besaß, so soll den Pilgern alles gemeinsam gehören, sie seien ein Herz und eine Seele. Es ist äußerst schimpflich und eine große Schande, ja eine schwerste Sünde, wenn ein Pilger hungrig, der andere aber trunken ist. Alles, was geteilt wird, erstrahlt heller. Der Pilger, der mehr Nahrung als nötig mit sich trägt und nicht mit den Bedürftigen teilt, sondern sie nach Hause zurückbringt, sei mit Ananias und Saphira verdammt, die den Preis des verkauften Ackers zurückhielten und nach der Verdammung durch den Hl. Petrus unmittelbar den Tod erlitten.

GR 7 nach Noidant-le-
Rocheux; hinter dem
Ort links ab Richtung
Perrogney (der Weg
überquert die A 31);
D 143 zum Ht. du Sec;
entlang der D 428, die
wir 2 x tangieren, folgen
wir dem Schild »Circuit
Cyclotouristique« bis
zum Hinweisschild

52160 Auberive
Tourist Information;
Hotel/Restaurant;
Camping

Kleiner idyllischer Ort
am Flüsschen l'Aube;
die 1135 gegründete
Abtei ist leider nicht zu
besichtigen. Bemer-
kenswert das kunstvolle
schmiedeeiserne Gitter
von Jean Lamour.
Wildpark in Montavoir.

Weiter auf dem GR 7:
ein kurzes Stück auf
der D 150,
dann Richtung

Vivey

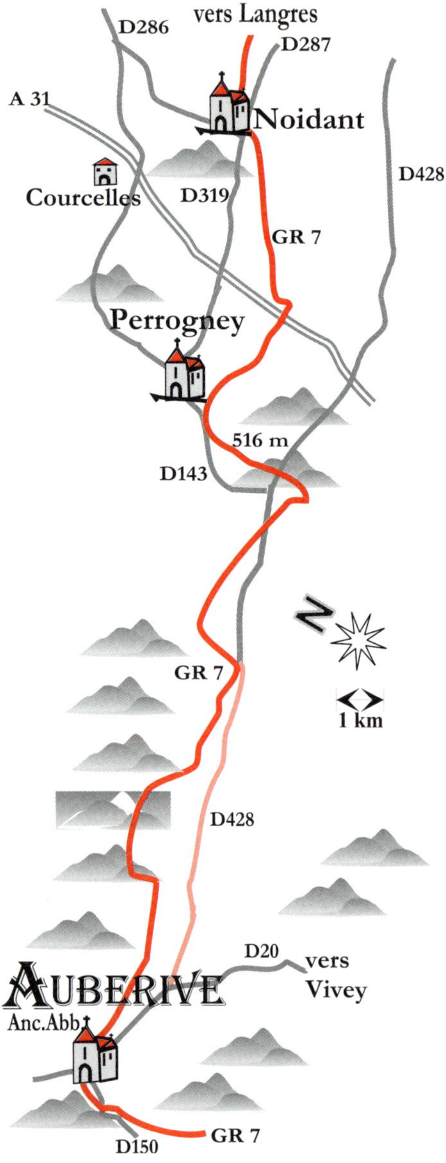

vers Langres
D286
D287
A 31
Noidant
D428
Courcelles
D319
GR 7
Perrogney
516 m
D143
N
1 km
GR 7
D428
D20 vers
Vivey
AUBERIVE
Anc.Abb
GR 7
D150

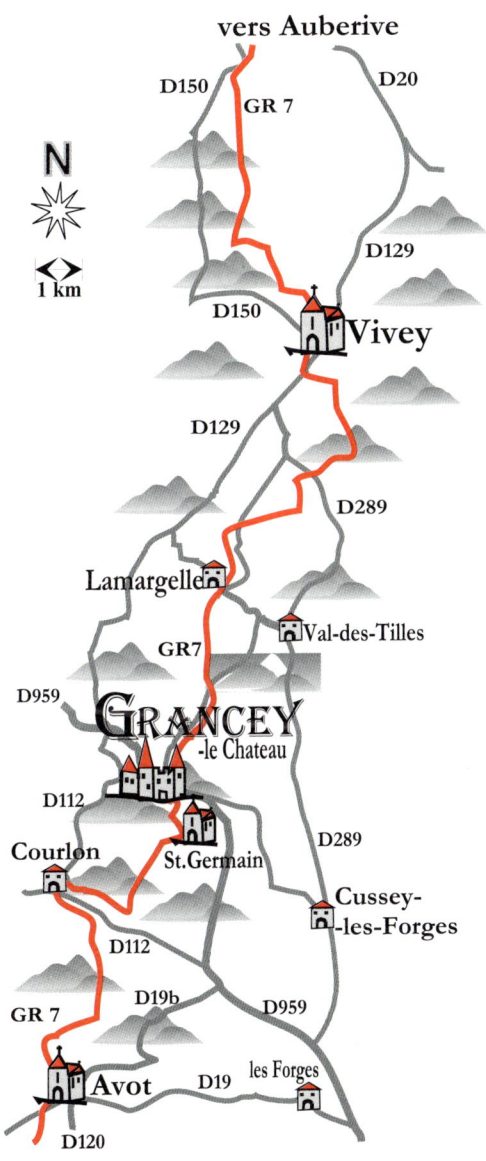

vers Auberive

D150

D20

GR 7

N

1 km

D129

D150

Vivey

D129

D289

Lamargelle

Val-des-Tilles

GR7

D959

GRANCEY
-le Chateau

D112

D289

Courlon

St.Germain

**Cussey-
-les-Forges**

D112

D19b

D959

GR 7

les Forges

Avot

D19

D120

GR 7 durch die Wälder
von Auberive zum
idyllisch gelegenen

52160 Vivey
Hotel/Restaurant

Hinauf zum Natur-
schutzgebiet von de-
Chalmessin und weiter
Richtung Lamargelle-
aux-Bois nach Lamar-
gelle (Ferme Auberge)

*21580 Grancey-le-
Chateau*
Tourist Information;
Hotel/Restaurant;
Camping

Befestigungen aus dem
10. Jh., befestigtes Tor;
Stiftskirche St. Jean
(13. Jh.), St. Germain
(15. Jh.). Oberstadt
mit Collegiale

GR 7 in der Unterstadt
rechts ab zur Kapelle
St. Germain; an der
endlos langen Mauer
entlang bis zur Eisen-
bahnlinie; dort rechts,
am ehem. Bahnwärter-
haus vorbei nach
Courlon.

Nach der Brücke links
ab und über den Berg
nach

Avot

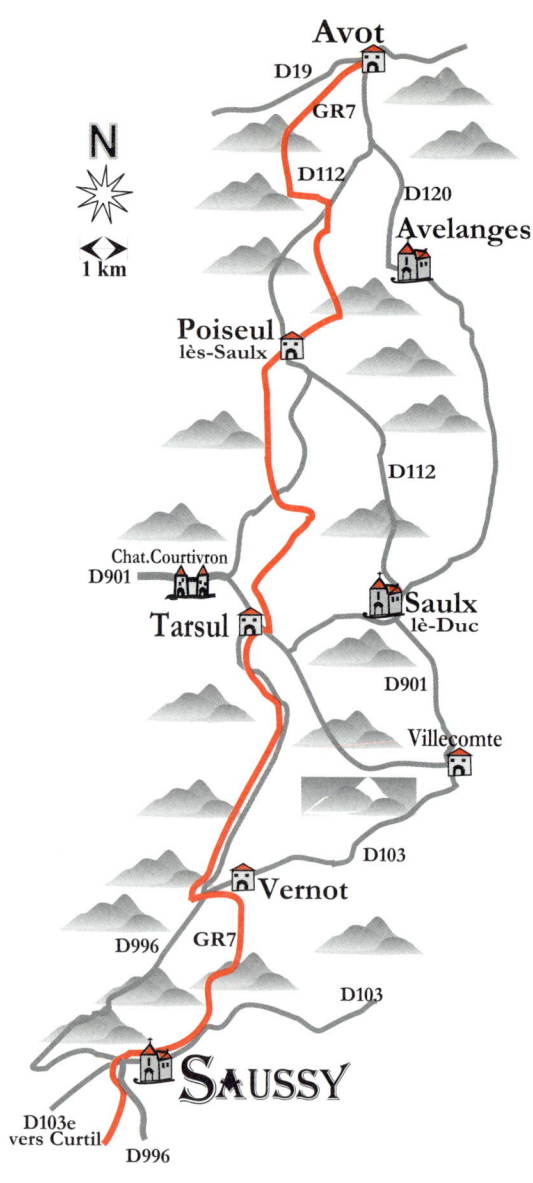

Im Nordosten
von Burgund liegt ein
Landstrich, den man-
cher Fürst einst gerne
besessen hätte. Früher
stand nie so richtig fest,
ob die Gegend zwischen
den Flüssen l'Aube, Tille
und Vingeanne zu Bur-
gund, Champagne oder
Franche-Comte gehörte.
Es ist eine wundervolle
Region mit endlosen
Wäldern, Schlössern
und Burgen. Diesem
von Wasser und Vegeta-
tion beherrschten Land
ist man im Nu verfallen;
seine Verführungskraft,
so heißt es in einem
Prospekt, „...*tat ihre
Wirkung auf alle, die
diese entlegenen
Gebiete Burgunds
bereisten, noch bevor
die wohlhabenden
Adligen des Aufklä-
rungszeitalters sie für
sich entdeckt hatten".*

21120 Tarsul
Tourist Information;
Restaurant

GR 7 von Tarsul Richtg.
Saussy; der Weg streift
einen Übungsplatz der
franz. Luftwaffe.

21120 Vernot
Restaurant

In Vernot lese ich einen Wegweiser nach Ste. Foy und denke sofort an die Abtei Sainte-Foy in Conques, dem Pilgerziel im Aveyron. Doch bis dahin ist es noch sehr, sehr weit. Der GR 7 folgt zuerst der D 996 in Richtung Süden und biegt wenig später rechts ab ins Tal nach

Sainte-Foy
Hotel/Restaurant

Der Wanderweg verläuft oberhalb des Val Suzon und schwenkt nach der Font. de Jouvence Richtung Südwesten nach Darois; von dort durch die Felder und Wälder hinunter nach

21370 Velars-sur-Ouche
Office de Tourisme; gute Verbindung nach

21000 Dijon
Office de Tourisme Accueil de France, place Darcy; Bahnstation; Flughafen Neuilly; Hotel/Restaurant; Logis de France; Camping; Jugendherberge

GR 7 über die Ouche- und die Autobahnbrücke; erste Straße rechts. Nach 200 m Orientierungstafel

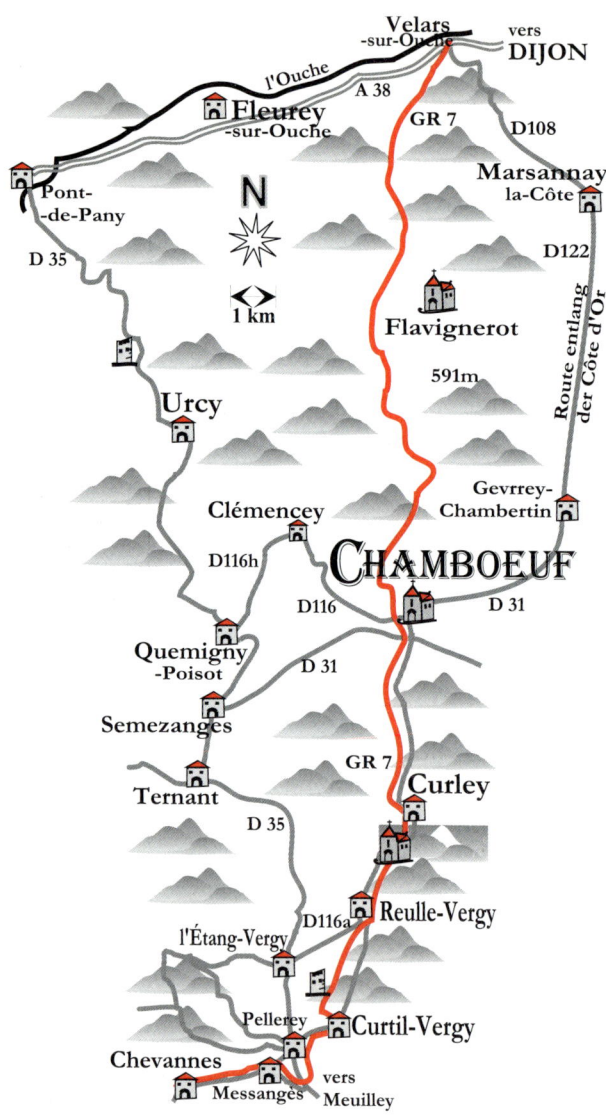

Velars
-sur-Ouche

vers
DIJON

l'Ouche

A 38

GR 7

D108

Fleurey
-sur-Ouche

Marsannay
la-Côte

Pont-
-de-Pany

D122

D 35

N

Route entlang
der Côte d'Or

1 km

Flavignerot

591m

Urcy

Clémencey

Gevrrey-
Chambertin

D116h

CHAMBOEUF

D116

D 31

Quemigny
-Poisot

D 31

Semezanges

GR 7

Ternant

Curley

D 35

Reulle-Vergy

D116a

l'Étang-Vergy

Pellerey

Curtil-Vergy

Chevannes

vers
Meuilley

Messanges

GR 7 Talweg Richtung
Flavignerot; auf die Höhe
nach Chamboeuf (Restau-
rant); über Curley nach

21220 Reulle-Vergy
Tourist Information;
Restaurant

Kirche aus dem 12. Jh.;
sehenswertes Rathaus,
aufgesetzt auf ein ehemaliges Waschhaus. Gegenüber
dem Rathaus das »Musee
des Arts et Traditions des
Hautes-Côtes«; Funde aus
der Bronze- und gallo-
römischen Zeit sowie dem
Mittelalter; Weinbau und
Geschichte der Region.

Oberhalb der »Eglise de
Vergy« beginnt eine land-
schaftlich besonders reiz-
volle Strecke: sie führt
über den Belvédère zum
- Chat. de Vergy
- Tour St. Denis;
an den Ruinen von
St. Vivant vorbei hinunter
nach
- Curtil-Vergy
- Messangès
- Chevannes.

Der germanische Volksstamm der Burgunder zog während der Völkerwanderung zunächst in das Weichselgebiet, war im 4. Jahrhundert an Main und Rhein ansässig, wovon die Nibelungensage erzählt. 435 siedelten die Burgunder in der westlichen Schweiz und dem Rhônegebiet; Zentren des neuen Burgundischen Königreichs waren Genf und Lyon. Unter König Gundobald erreichte es seine größte Ausdehnung, verlor jedoch im Kampf mit den Merowingern im Jahr 523 seine Selbständigkeit und wurde Bestandteil des merowingisch-fränkischen Reiches. Von den Reichsteilungen unter den Nachfolgern Karls des Großen war insbesondere das burgundische Gebiet betroffen. Im westfränkischen Reichsteil entstand zwischen dem Oberlauf der Loire und der Saône das Herzogtum Burgund. Das Reich Lothars, im Vertrag von Verdun 843 zwischen Ost- und Westfrankenreich gebildet, zerfiel sehr bald in eine nördliche Hälfte, »Lotharingen« genannt, und die südlichen Teilgebiete Hochburgund (später Franche-Comte) und Niederburgund mit dem Rhônegebiet und der Provence, nach der Hauptstadt Arles auch »Arelat« genannt. 947 wiedervereinigt, fiel das Königreich Burgund 1033 im Erbgang an das Reich, wie 100 Jahre vorher das Herzogtum Lothringen. Von 1363 bis 1477 war Burgund das französische Herzogtum mit der Hauptstadt Dijon, das sich unter den Grands Ducs de Bourgogne aus der Seitenlinie der Valois (Philipp der Kühne, Johann Ohnefurcht, Philipp der Gute, Karl der Kühne) zu einer bedeutenden politischen Macht entwickelte.

Dijon

Die Stadt geht auf das römische Kastell *Divio* zurück, das an der Straße von Lyon *(Lugdunum)* nach Mainz *(Moguntiacum)* lag. Gründung der Abtei Saint-Bénigne im Jahr 525; 1015 wurde Dijon von Robert I., Herzog von Burgund, als Hauptstadt gewählt. Mit Herzog Philipp dem Kühnen (1364-1404) begann die glanzvollste Zeit der Stadt. Ihr Ruhm und ihre Bedeutung endete mit dem Tod Karls des Kühnen 1477, als sie an die französische Krone zurückfiel. Von ihrer großen Zeit als Hauptstadt des burgundischen Reiches künden der teilweise erhaltene Palast der Herzöge und die Kirche Notre-Dame, um 1220 bis 1250 erbaut, mit besonders stilreicher Fassade in burgundischer Gotik. Durch die dreischiffige Vorhalle erreicht man die drei Portale der Westfront. Im Innern beachtenswerte Glasfenster des 13. Jh. im linken Querschiff; in der Kapelle des rechten Querschiffs die hochverehrte »Schwarze Madonna« des 12. Jh. Fachwerkhäuser des 15.-18. Jh. in der Rue des Forges.

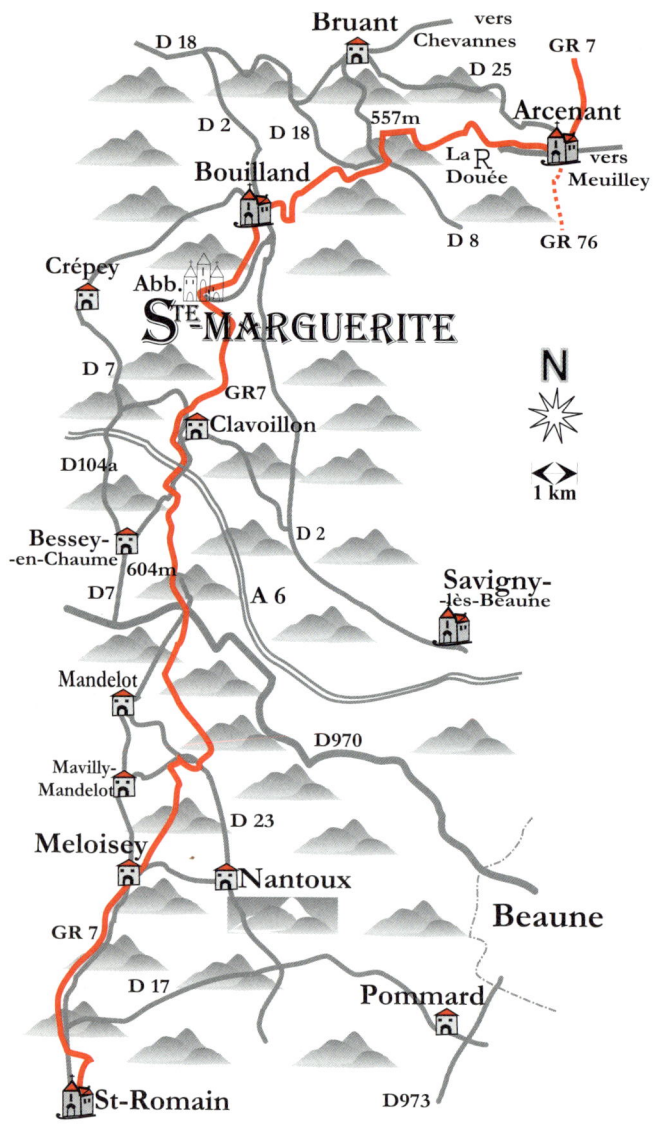

Bruant

vers
Chevannes

D 18

GR 7

D 25

Arcenant

D 2   D 18   557m

La R
Douée   vers
Meuilley

Bouilland

D 8   GR 76

Crépey

Abb.

S^{TE}-MARGUERITE

D 7

GR7

N

Clavoillon

D104a

1 km

D 2

Bessey-
-en-Chaume   604m

A 6

D7

Savigny-
-lès-Beaune

Mandelot

D970

Mavilly-
Mandelot

Meloisey   D 23

Nantoux   Beaune

GR 7

D 17

Pommard

St-Romain   D973

21700 Arcenant
Restaurant

GR 7 zur Quelle La Douée, idyllische Lage am Eingang zum Combe Pertuis mit steilen Felswänden; Grillplatz. Der Weg steigt an und führt über Felsenklippen nach

21420 Bouilland
Restaurant

GR 7 zu den Ruinen der Abtei Sainte-Marguerite. Hinter Clavoillon überqueren wir die A6 und später die D 970; von hier gute Verbindung nach

21200 Beaune
(siehe rechts)
Office du Tourisme; Bahnstation; Hotel/Restaurant; Logis de France; Camping in Beaune, Meursault und Chagny.

Nach der Überquerung der D 970 lassen wir das Dorf Mandelot rechts liegen und steigen hinunter zur D 23.

Der Weg führt bergauf nach

21190 MELOISEY
Restaurant

GR 7 mit Blick auf die Felsenklippen weiter nach St-Romain (Maison du patrimoine); Restaurant

Bouilland

im Tal der Rhoin; das sprudelnde Wasser (eaux bouillonnantes) des Flusses gaben dem Dorf seinen Namen. Wir wandern hinauf zu den Ruinen der Abtei Sainte-Marguerite; die Choräle der weißgekleideten Augustinermönche, die sie im 9. Jahrhundert gegründet hatten, sind schon lange verstummt. Zwischen den Säulen der gotischen Kirche wandert der Blick ungehindert in einen strahlend blauen burgundischen Himmel.

Beaune

Der Ort war ursprünglich ein gallisches Heiligtum, dann römische Siedlung; später kam der Platz an die Grafen von Mâcon und schließlich war Beaune bis in das 14. Jh. im Besitz der Herzöge von Burgund. Diese hatten, bis sie nach Dijon übersiedelten, in Beaune ihre Residenz. Die Altstadt bildet einen geschlossenen Kern, der mit einer starken Befestigung umgeben war; alle Straßen führen konzentrisch auf diesen Kern zu. Noch heute dienen die unterkellerten Stadtmauern als bevorzugte Weinlager.

Hôtel-Dieu aus dem Jahr 1443; ehemals Hospital, in dem auch so mancher müde Jakobspilger Aufnahme fand. Umlaufende Galerie des Innenhofs mit eindrucksvollem Fachwerkbau; die Anlage ist mit bunt glasierten Ziegeln gedeckt und bietet einen malerischen Anblick. Cour d'Honneur (Ehrenhof mit Brunnen); Kapelle, von einer durchgehenden hölzernen Decke überspannt; die alte Küche sowie die im 17. und 18. Jh. veränderte Apotheke mit Fayencen aus Nevers. Im Seitenflügel das berühmte Gemälde »Das Jüngste Gericht« von Rogier van der Weyden, das um 1443 entstand. Außerdem große Wandteppiche mit der Darstellung der Parabel vom »Verlorenen Sohn«. Kirche Notre-Dame, romanischer Bau des 12. Jh.

Meloisey

Dorf mit tausendjähriger Vergangenheit, überagt von steilen Felsen. Der Weinberg von Meloisey ist der größte der Hautes-Côtes; im Jahre 1180, so berichtet die Chronik, wurden seine Weine bei der Krönung Philipp August's gereicht.

Saint-Romain

Siedlung seit der Jungsteinzeit (um 4000 v. Chr); später wurde der Platz, wie der Fund von 47 Silbermünzen bezeugt, zur keltischen Zufluchtstätte. Anfang des 9. Jh. wurde das erste Schloß auf dem Felsvorsprung gebaut. Im »Maison du patrimoine« werden die archäologischen Forschungsmethoden und das Natur- und Kulturerbe des Ortes gezeigt.

Jakobsweg der Freude nach Santiago de Compostela
Übersicht II

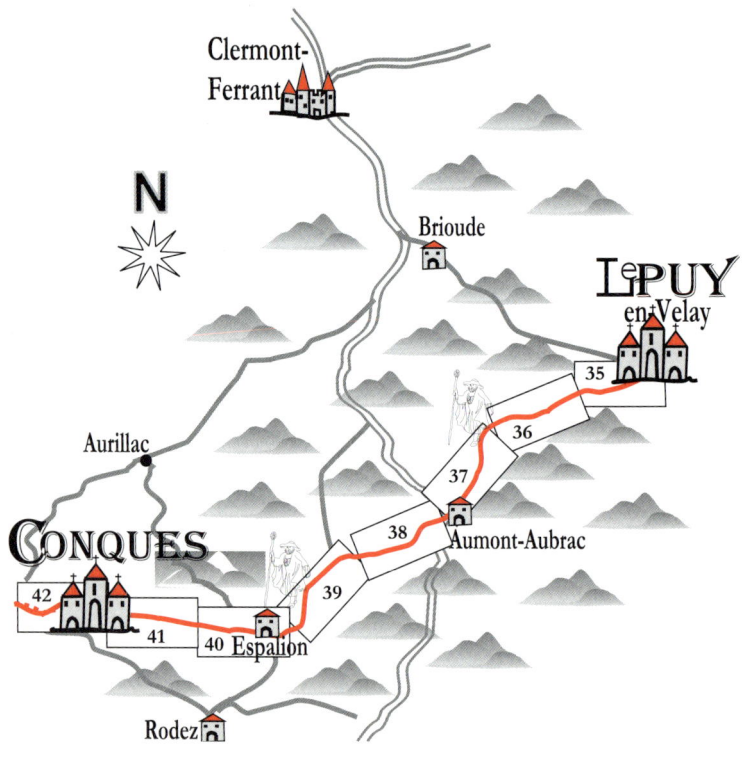

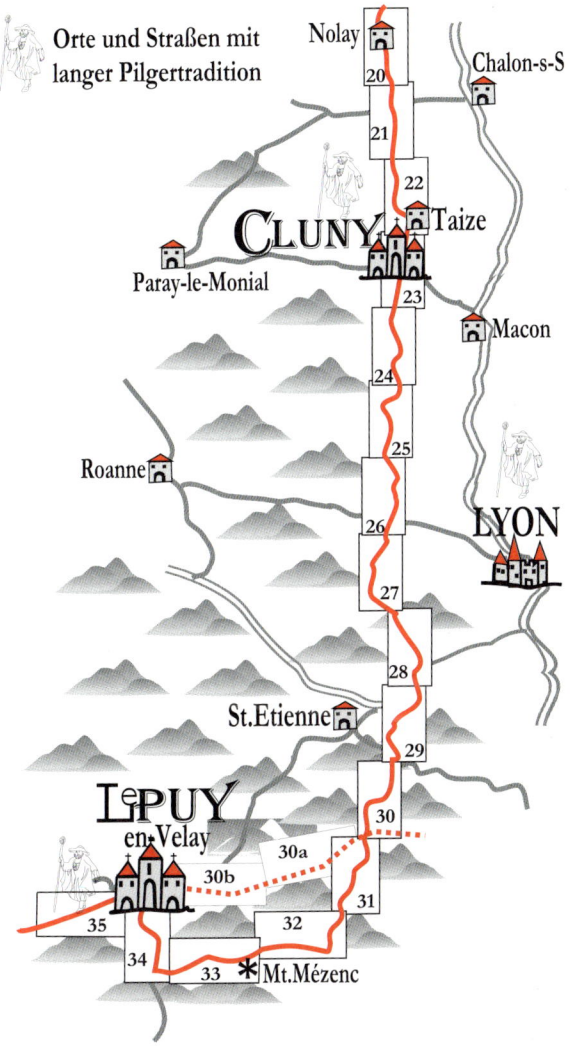

Orte und Straßen mit
langer Pilgertradition

Nolay

Chalon-s-S

20

21

22

CLUNY Taize

Paray-le-Monial

23

Macon

24

25

Roanne

26

LYON

27

28

St.Etienne

29

Le PUY
en Velay

30

30a

30b

31

35

32

34

33 * Mt.Mézenc

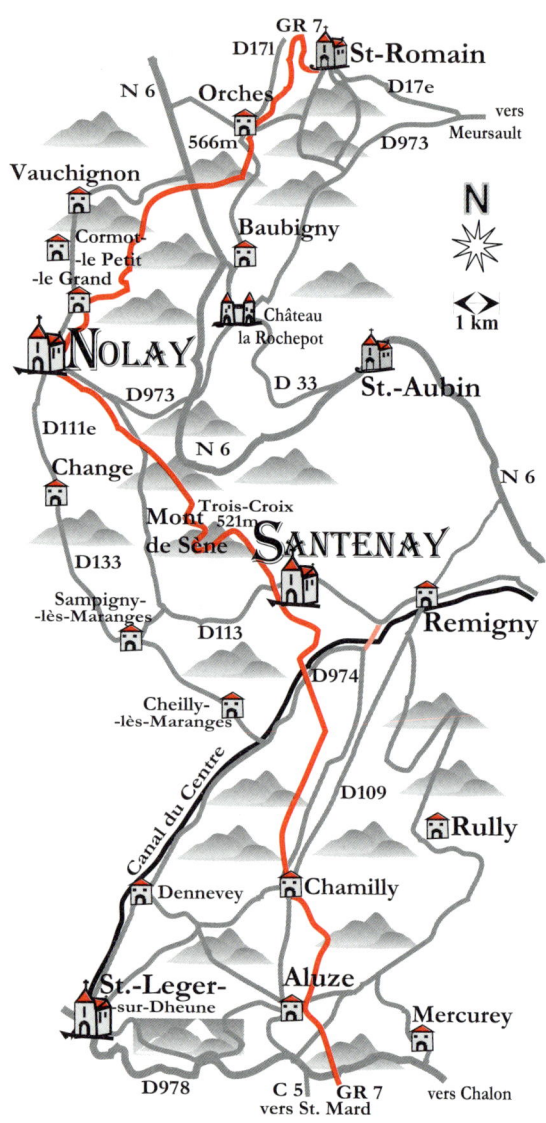

GR 7
D171
St-Romain
Orches
D17e
N 6
566m
vers
Meursault
D973
Vauchignon
Baubigny
Cormot
-le Petit
-le Grand
Château
la Rochepot
NOLAY
St.-Aubin
D973
D 33
D111e
N 6
Change
N 6
Trois-Croix
Mont 521m
de Sène
SANTENAY
D133
Remigny
Sampigny-
-lès-Maranges
D113
D974
Cheilly-
-lès-Maranges
D109
Rully
Dennevey
Chamilly
St.-Leger-
sur-Dheune
Aluze
Mercurey
D978
C 5
vers St. Mard
GR 7
vers Chalon

N

1 km

GR 7 nach Orches;
Weinort am steilen Fels,
Restaurant; Baubigny
(Ferme Auberge);
Abstecher nach Château
Rochepot;
GR 7 über Vauchignon
(Ferme Camping) und
den »Cirque du Bout du
Monde« nach

21340 NOLAY

Office de Tourisme Maison des Halles; Hotel/Restaurant; Logis de France;
Camping

GR 7 Richtung Südosten
zum Mont de Sène
(Trois-Croix; Orientierungstafel) und weiter
nach

Santenay

Office de Tourisme Av. des
Sources; Hotel/Restaurant;
Bade- und Kuranlagen;
Camping

Der GR 7 quert hinter
Bas-Santenay den Canal
du Centre und wendet
sich über Chamilly und
Aluze nach St. Martin-sous-Montaigu.

Schloss Rochepot

im 12. Jahrhundert auf den Fundamenten eines ehemaligen römischen Fort von den Herren von Roche Nolay erbaut. Im 19. Jahrhundert wurde das Schloß nach den Plänen aus dem Mittelalter restauriert. Das Feudalanwesen birgt zahlreiche Schätze; der Saal der Wachen, die Schlafzimmer, die Küche und der Speisesaal sowie die alte Kapelle aus dem 12. Jahrhundert können besichtigt werden.

Vauchignon

ist das erste Dorf im »Cirque du Bout du Monde«. Dieses Landschaftsschutzgebiet bietet in der wasserreichen Jahreszeit ein beeindruckendes Naturschauspiel: am Ende eines Talkessels stürzt aus 25 Meter Höhe ein Wasserfall herab. Eine Höhle, etwas für erfahrene Forscher, kann besichtigt werden.

Nolay

Bereits im Mittelalter war Nolay das Handelszentrum der Region; die in ihrer Bauweise einzigartige Markthalle stammt aus dem Jahr 1388. Das Dach ist mit burgundischem Lavastein gedeckt, so daß das Balkengerüst ein Gewicht von 800 Kilo pro m2 trägt! Direkt daneben liegt die Kirche St. Martin aus dem 15.Jh. Nach der Restaurierung des mittelalterlichen Ortskerns finden wieder Märkte wie im 16. Jahrhundert statt, als sich Kurzwaren- und Tuchhändler, Schuster, Gerber, Teichfischer und kleine Handwerker hier einfanden.

Le Mont de Sène

Auf dem Gipfel stehen drei Kreuze, daher sein zweiter Name »Montagne des Trois Croix«. Der 521 m hohe Berg, von der Vorgeschichte bis zur Römerzeit Kultort, wurde an der Gemarkungsgrenze zwischen Santenay und Dezize von Menschenhand aufgeschüttet. Herrlicher Rundblick: im Norden, hinter Rochepot, das Weinbaugebiet; im Osten, oberhalb des Tals der Saône, der Jura und die Alpen; im Süden die Gegend von Cluny, überragt vom Mont Saint Vincent, und im Westen der Morvan.

Santenay

Das Heilbad mit lithiumreichen Wasser ist seit der Antike bekannt. Kirche St. Jean de Narosse aus dem 13. Jh.; das Schloß Phillips des Kühnen mit Bergfried aus dem 14. Jh. und glasierten Dachziegeln. Alte Mühle Sorine von 1851.

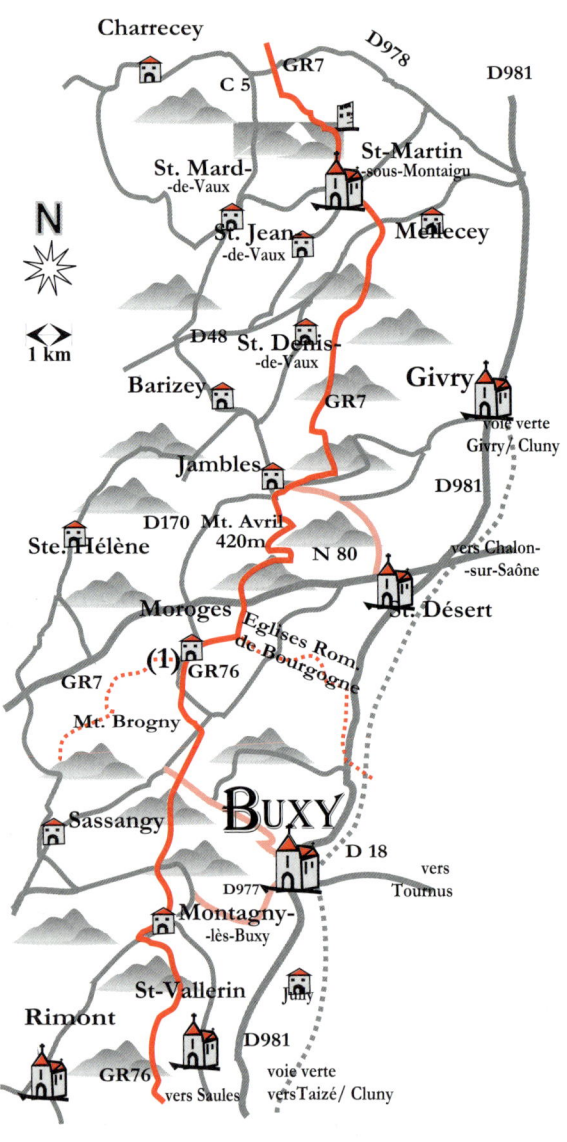

Charrecey

St-Martin
-sous-Montaigu

St. Mard-
-de-Vaux

St. Jean
-de-Vaux

Mellecey

St. Denis-
-de-Vaux

Barizey

Givry

voie verte
Givry / Cluny

Jambles

D981

D170 Mt. Avril
420m

Ste.Hélène

N 80

vers Chalon-
-sur-Saône

Moroges

Eglises Rom.
de Bourgogne

St. Désert

(1) GR76

GR7

Mt. Brogny

Sassangy

BUXY

D 18

vers
Tournus

D977

Montagny-
-lès-Buxy

Juny

St-Vallerin

Rimont

D981

GR76

vers Saules

voie verte
versTaizé / Cluny

N

1 km

C 5

GR7

D978

D981

D48

GR7

Vorbei an den Ruinen des Anc. Chateau de Montaigu nach

71640 St. Martin
sous-Montaigu; Restaurant

GR 7 Richtung Süden; St.Denis-de-Vaux; Charnaille. Hinter Jambles hinauf auf den Mt. Avril und über die N 80 nach

71390 Moroges

Im Ortsteil la Luolle bei Ziffer 1 verlassen wir den GR 7 für eine Weile und wechseln auf den GR 76

Übernachtung: Gîtes d'etape in Bissey-sous-Chruchaud, La Chapelle St. Benoit; Abstecher über Buxy und die D 18 nach

71700 Tournus
Office du Tourisme, place Carnot; Hotel/Restaurant; Camping; Bahnanschluß

GR 76 auf dem Höhenweg Richtung Süden an Montagny-lès-Buxi und St. Vallerin vorbei nach
Culles-les-Roches

— Wegzeichen —
Ein erwachter Mensch ist jemand, der nicht mehr nach der Pfeife der Gesellschaft tanzt; es ist ein Mensch, der zu der Musik tanzt, die aus ihm selber kommt.
M

Wer Burgund hört...

denkt an Weinberge; schon im 3. Jh. n. Chr. wuchsen an der Côte d'Or berühmte Weine und seit dem frühen Mittelalter förderten die Klöster den Weinbau. Der berühmte »Clos de Vougeot« entstammt einem Weingut, das im 12. Jh. durch die Mönche von Citeaux angelegt wurde. Heute erstrecken sich die Rebflächen vom Departement Yonne (Chablis-Lagen) im Norden über die Côte de Nuits, die Côte de Beaune und das Maconnais (Chardonnay) bis zum Beaujolais im Süden.

Kleines Wein-ABC: »Vin de qualité supérieur« (V.D.Q.S.) ist eine Bezeichnung, die sich über den Inhalt der Flasche nicht völlig ausschweigt. Beim A.O.C (Appellation d'origine contrôlée) dagegen sind Anbaugebiet und Herkunft sowie Rebsorte und maximaler Ertrag gesetzlich reglementiert. Bei dieser Qualität können Sie getrost zugreifen, wenn der Preis stimmt. Noch besser ist es, wenn das Etikett einen klaren Hinweis über die Begrenzung des Anbaugebietes »Appellation Bourgogne Contrôlée« gibt. Natürlich sind auch »gewöhnliche« Landweine nicht zu verachten, man sollte sie nur nicht überbezahlen.

Tournus

Die Ursprünge von Tournus liegen in der römischen Siedlung *Trenorchium*; hier erlitt der hl. Valerian im Jahr 179 den Märtyrertod. Später wurde über seinem Grab eine Abtei erbaut, die Karl der Kahle den Mönchen von Noirmoutier, welche mit den Reliquien des hl. Philibert auf der Flucht waren, übergab. Saint-Philibert, ehemalige Klosterkirche, ein strenger frühromanischer Bau mit lombardischen Einflüssen, eine der bedeutendsten Bauten der Romanik in Burgund. Die erste Kirche wurde 937 von den Ungarn zerstört, die zweite 1006 durch Brand vernichtet. Von ihr sind die Krypta und der untere Teil des Narthex erhalten. Neubau des 11./12. Jh.; die erste Weihe erfolgte 1019, die zweite (Querschiff und Apsis) 1120 durch Papst Calixtus XI. (Autor des *Codex Calixtinus*!); Fassade mit zwei viereckigen Türmen (10. bis 12. Jh.); quadratischer Vierungsturm. Kreuzgang (nördl. Galerie) und Kloster (Kapitelsaal und Refektorium, 12.Jh.) sind teilweise erhalten, ebenso das Wohnhaus des Abts. Burgundmuseum im »Haus des Schatzmeisters«.

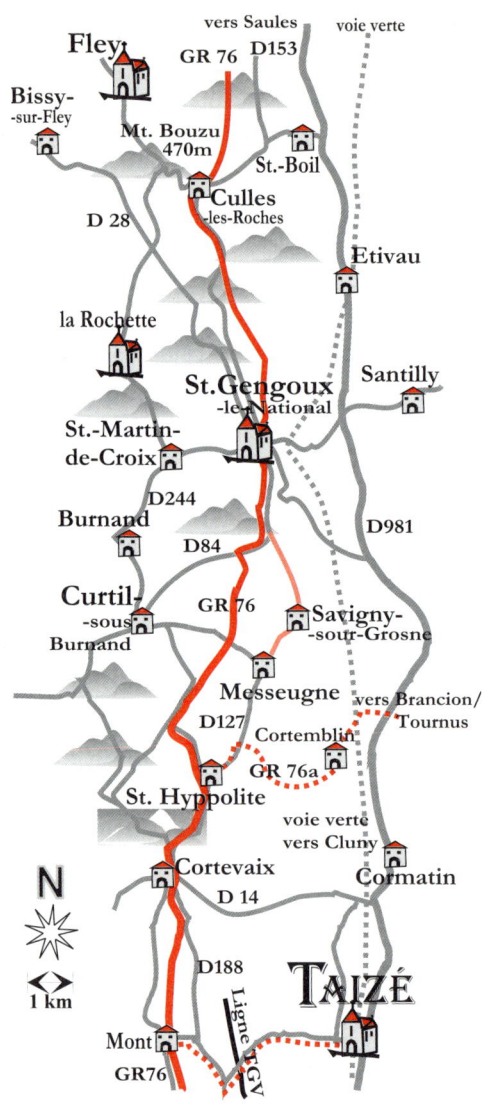

71460 Culles les-Roches
In der Nähe von St.Boil sehenswerte gallo-romanische Ausgrabungen

GR 76 weiter über
St. Gengoux le-National
(Restaurant) nach St.Hyppolite; hier zweigt der GR 76a ab nach Brancion und Tournus (siehe vorhergehende Seite); auf dieser Strecke bietet sich als Etappenziel an:

71240 Etrigny
Ferme Auberge / Ferme Camping

Nach Cortevaix und beim kleinen Weiler Mont links ab nach

71250 Taizé
Communauté
(Bild Seite 53 u.l.)

»Pilgerweg des Vertrauens auf der Erde«

Im August 1940 kommt ein Mann allein in das fast ausgestorbene Dorf Taizé in Burgund, nahe Cluny. Es ist das zweite Jahr des Weltkriegs und seine Heimat (er ist Schweizer Bürger) ist nicht unmittelbar vom Kriegsgeschehen betroffen. Sein Ziel ist es zu helfen, mitten in der Not der damaligen Zeit: er versteckt Flüchtlinge in seinem Haus, vor allem Juden aus dem besetzten Frankreich. Später kümmert er sich um deutsche Kriegsgefangene.

Zwei Jahre lebt Roger Schütz, der Gründer von Taizé, allein, dann steht sein Entschluß fest. Er möchte eine Gemeinschaft von Männern ins Leben rufen, die tagtäglich konkret Versöhnung verwirklicht. Es schließen sich weitere Brüder an und Ostern 1949 binden sich die ersten endgültig zum gemeinsamen Leben, in Ehelosigkeit. Sie kommen zunächst aus verschiedenen evangelischen Kirchen, doch schon bald stoßen Katholiken zur ökumenischen Gemeinschaft und heute gehören Brüder aus etwa zwanzig Ländern dazu.

In kleinen Fraternitäten leben einige unter den Ärmsten in Asien, Afrika, Latein- und Nordamerika, um dort Erfahrungen zu machen und die vorgefundene Not zu teilen. Die Brüder akzeptieren für sich keine Spenden und legen keine Rücklagen an. Ihren Lebensunterhalt und den anderer Menschen, mit denen sie teilen, bestreiten sie aus dem Erlös ihrer Arbeit. Die Communauté baut keine fest organisierte Bewegung auf; es wird den Jugendlichen vielmehr vorgeschlagen, sich in ihrer Stadt, im Dorf, in der Kirchengemeinde mit jung und alt auf den Weg zu machen.

Mit der Gründung der Communauté von Taizé hat Frère Roger neue Wege zur Überwindung der Gräben zwischen den christlichen Religionen und ihrer Versöhnung sowie zur Beilegung von Konflikten in der Menschheitsfamilie erschlossen. Auf dem von Taizé ausgehenden »Pilgerweg des Vertrauens auf der Erde« werden Treffen veranstaltet, bei denen sich die Jugend aus aller Welt versammelt. Das ganze Jahr über finden, jeweils von Sonntag bis Sonntag, Jugendtreffen mit Teilnehmern aus vielen Nationen statt - in manchen Wochen bis zu sechstausend. Dreimal am Tag kommen die Teilnehmer zum gemeinsamen Gebet in der Kirche der Versöhnung zusammen. Hunderttausende aus Europa und den anderen Erdteilen finden so zu einer gemeinsamen Sache: zu den Quellen des Glaubens gehen, einen Sinn für das Leben entdecken, sich darauf vorbereiten, zu Hause verantwortliche Aufgaben zu übernehmen.

★

Taizé kann ein wichtiger Ort auf dem Jakobsweg der Freude sein.

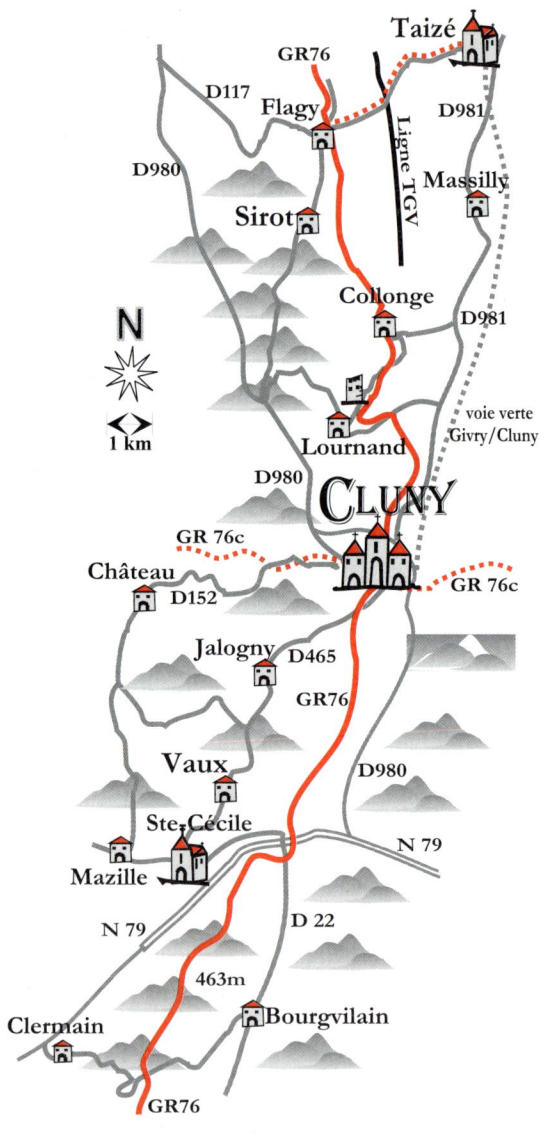

Taizé

GR76

D117

Flagy

D981

D980

Ligne TGV

Sirot

Massilly

Collonge

D981

N

1 km

voie verte
Givry/Cluny

Lournand

D980

CLUNY

GR 76c

Château

GR 76c

D152

Jalogny

D465

GR76

Vaux

D980

Ste-Cécile

N 79

Mazille

N 79

D 22

463m

Bourgvilain

Clermain

GR76

Von Taizé zurück auf den GR 76; beim kleinen Ort Flagy Richtung Süden nach

71250 Cluny
Office de Tourisme 6, rue Mercière; Bahnstation; Hotel/Restaurant; Logis de France; Camping

GR 76 Richtung Süden nach St. Cécile und auf den Höhen oberhalb St. Point (Badesee) nach

Tramayes
Mazille (Ferme Auberge)

— Wegzeichen —

Glück ist nichts, was sich erwerben läßt, Liebe ist nichts, was sich produzieren läßt. Liebe ist nichts, was Sie haben, Liebe ist etwas, was Sie hat. Lernen Sie die Hindernisse verstehen, die Sie der Liebe, der Freiheit und dem Glück in den Weg legen, und sie werden verschwinden...

M

Cluny

Das erste Kloster von Cluny wurde im Jahr 910 von Wilhelm dem Frommen, Herzog von Aquitanien, gegründet. Von hier ging die cluniazensische Reform des Benediktinerordens aus, die im 11. und 12. Jh. ihren Höhepunkt erreichte. Damals waren mehr als 1200 Abteien von Cluny abhängig; es galt als der geistige Mittelpunkt des transalpinen Abendlandes und bildete mit seinem großen Einflußbereich eine Art Gegenpol zu Rom. Von Cluny ging die größte Wallfahrtsbewegung des Mittelalters zum Grab des Apostels Jakobus in Santiago de Compostela in Nordspanien aus.

Die erste Kirche entstand seit 910 unter dem Abt Bernon, die zweite, das Vorbild der Bauten von Hirsau im Schwarzwald, von 954 bis 981, die dritte von 1080 bis 1130 unter den Äbten Hugo und Peter (das sogenannte Cluny III). Diese Klosterkirche war 187 m lang, hatte eine dreischiffige basilikale Vorhalle, ein fünfschiffiges Langhaus, zwei Querschiffe, einen Chor mit Umgang und Kapellenkranz sowie acht Türme. Das im Kloster aufgestellte Modell der ehemaligen Anlage zeigt deren gewaltige Ausmaße. Das Kloster wurde 1258 dem französischen König unterstellt. In den Religionskriegen wurde es mehrfach zerstört, dann während der Französischen Revolution 1790 aufgehoben und die Kirche schließlich bis auf den südlichen Querhausarm abgebrochen. Die Steine wurden zum Bau von Straßen und Pferdeställen verwendet.

Von Cluny III (1088 bis 1130) ist trotz aller Zerstörungen durch die Französische Revolution noch so viel sichtbar, daß man sich eine Vorstellung dieses großen, reich geschmückten Baus machen kann. Paray-le-Monial, die »älteste Tochter« Clunys, stellt eine kleine und reduzierte Kopie dar. Typisch für die burgundische Bauschule sind ein überaus reicher Grundriß mit drei (in Cluny III fünf) Schiffen, Querhaus, Chorumgang und Kapellenkranz, reicher ornamentaler Schmuck, und schließlich die große Vorhalle (Narthex), die zugleich als »Kirche nach außen« diente. Der plastische Schmuck der burgundischen Kirchenbauten findet sich an den Portalen und eindrucksvollen Kapitellen mit zarten Figuren und schwingendem Blattwerk; das Westtympanon, das schulebildend wirkte und sich aus vielen Nachbildungen cluniazensischer Kirchen erahnen läßt, wurde jedoch zerstört. Die in ihrer Ausdehnung größte Klosteranlage ihrer Zeit war von einer Mauer mit Türmen umschlossen.

Zu besichtigen ist der Kornspeicher des Klosters (Le Farinier, 13. Jh) inmitten des Klostergartens; im Saal des Obergeschosses mit einem weit gespannten Gebälk aus Kastanienholz hat man die Chorpartie der Kirche mit zehn wieder aufgefundenen figuralen Kapitellen und dem 1095 geweihten Altar rekonstruiert. Im Untergeschoß, dem ehemaligen Weinkeller des Klosters, befinden sich weitere Skulpturenfragmente aus der Klosterkirche. Südlicher großer Querhausarm mit den östlichen Kapellen Saint-Étienne und Saint-Martial, dem 62 m hohen Weihwasserturm (Clocher de l' Eau-Bénite) und dem kleinen Uhrturm von 1470 sowie der Rest des südlichen kleinen Querhauses. Klostergebäude des 18. Jh. mit der Fassade des Bauherrn, des Abtes Galasius, aus dem 13. Jh., heute Kunstgewerbeschule.

Was ist sonst noch sehenswert in Cluny: Kirche Notre-Dame, frühes Beispiel burgundischer Gotik, 12./13. Jh. Romanische Häuser des 12./13. Jh., so in der Rue de la République (mit Ziehbrunnen) und in der Rue d' Avril. Museum Ochier (früheres Wohnhaus des Abtes Jean III. de Bourbon, 1456-1485), Ausgrabungsfunde, Fragmente des Westportals (1115), Dokumente zur Klostergeschichte, Teile der Bibliothek. Und dann natürlich das Rathaus (hôtel de ville), frühere Residenz des Abtes Jacques II. d' Amboise; bemerkenswerte Renaissancefassade. Romanisches Doppeltor, vermutlich Reste des Westportals der Kirche. Türme der alten Befestigung. Promenade du Fouettin entlang der westlichen Klostermauer, mit schönem Ausblick.

★

Cluny gilt als der bedeutendste Förderer der Wallfahrt zum Grab des Apostels Jakobus in Santiago de Compostela. Der Orden unterhielt viele Klöster und Hospitäler am Camino, von denen wir einige auf unserer Wanderung besuchen werden: Nájera, Burgos, Frómista, Carrión de los Condes, Sahagún, Astorga und Villafranca del Bierzo. Ein für das junge Cluny besonders wichtiges Kloster liegt in der Nähe von Jaca an der *Via Tolosana*: San Juan de la Peña.

Bilder rechts: Cluny; Blick in die Kirchenanlage;
u.l. Taizé, Tor und Glockenturm
Seite 54/55 großes Bild: Vulkangebiet des Velay
o.r. Le Puy - Panorama

53

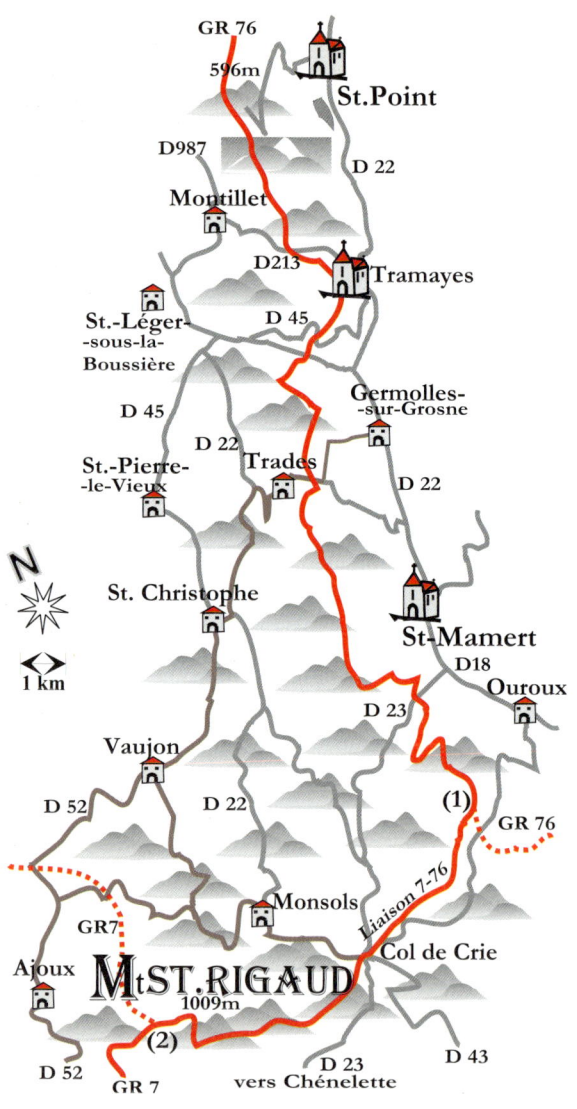

GR 76
596m
St.Point
D987
D 22
Montillet
D213
Tramayes
St.-Léger-
-sous-la-
Boussière
D 45
D 45
Germolles-
-sur-Grosne
D 22
Trades
St.-Pierre-
-le-Vieux
D 22
N
St. Christophe
St-Mamert
D18
1 km
Ouroux
D 23
Vaujon
(1)
D 52
D 22
GR 76
Liaison 7-76
GR7
Monsols
Col de Crie
Ajoux
MtST.RIGAUD
1009m
(2)
D 43
D 52
D 23
GR 7
vers Chénelette

71520 Tramayes
Office de Tourisme;
Restaurant

GR 76 Richtung Süden,
vorbei an Trades auf die
Höhen über St.Mamert/
Chateau St.Julien bis
Bois Levent.

Bei Ziffer (1)
verlassen wir den GR 76
(der nach Avenas führt;
hier sehenswerte Kirche;
Gasthaus)

Auf der **Liaison 7-76**,
auch »Tour du Beaujolais«
genannt, über den Col de
Crie zum

Mont St. Rigaud
1009 m; wunderbare
Aussicht

Bei Ziffer (2) erreichen
wir wieder den Wander-
weg GR 7 Richtung Süden
nach

les Echarmeaux
Paßhöhe 720 m;
wichtiger Verkehrsknoten
im Beaujolais.
Hotel/Restaurant.

Saint-Point

Der GR 76 verläuft nun auf den Höhen über dem Valouzin-Tal. Als Etappenziel bietet sich Saint-Point an, mit einer sehenswerten, im cluniazensischen Stil erbauten Kirche. Die Apsis ist mit einem Fresko des thronenden Christus geschmückt. Durch eine Pforte links der Kirche kommt man zum Château de Lamartine, dem bevorzugten Aufenthalt des Dichters Alphonse de Lamartine, der 1790 im nahen Macon geboren wurde. Im Schloß werden verschiedene Exponate aus seiner Zeit und ein die Schlacht bei Zama darstellender Gobelin aus dem 17. Jh. gezeigt. Sehenswertes Schloßgelände mit altem Baumbestand (Jocelyn-Eiche). Im Süden von Saint-Point liegt ein großer Stausee (Bademöglichkeit)

Roche de Solutré

Eines ist sicher: wer sich für prähistorische Geschichte interessiert, macht von Tramayes aus einen Abstecher nach Solutré-Pouilly (ca. 12 km östlich). Das Dorf liegt unterhalb eines hohen Felskegels (493 m), wo im Jahr 1866 sensationelle Funde gemacht wurden. Es handelte sich um eine riesige Ansammlung von Knochen von Wildpferden, Mammut, Wisent und Auerochs.

Die Jagdtechnik der Steinzeitmenschen war recht einfach, aber erfolgreich: die Tiere wurden über das östliche Plateau hinaufgetrieben und stürzten an dessen Steilabfall in die Tiefe.

Vom Parkplatz unterhalb des Felsens kann dieser von Geübten in etwa 20 Min. erstiegen werden. Schöner Weitblick in das Mâconnais mit seinen Weindörfern. Nach dem Ort hat man diese Periode der Steinzeit *Solutréen* genannt. Im Ort kleines vorgeschichtliches Museum.

Beaujolais

Wir befinden uns im Gebiet des Beaujolais; es zieht sich etwa von Macon bis Villefranche-sur-Saône hin. Der Weinort Beaujeu, der dem roten Burgunder dieses Landstrichs seinen Namen gab, liegt im Inneren des hügeligen Berglandes und ist von Chénelette aus zu erreichen (nächste Seite).

GR 7 westl. des Gipfels, Richtung Süden über den Roche d'Ajoux nach

les Echarmeaux

D 37 nach Chénelette

Der Mont Tourvéon südöstlich von Chénelette hütet ein Geheimnis; hier stand die Burg von Ganelon, Rolands Stiefvater, der nach dem überlieferten Text des Rolandslieds das Heer Karls des Großen in Roncesvalles verraten haben soll, wodurch Roland und seine Mannen den Tod fanden. Die Sage erzählt, daß ein Gericht ihn hierfür zur Strafe in einem mit Nägeln gespickten Faß den Berg hinunter rollen ließ.

Übernachtung: Poule-les-Echarmeaux, Gîtes d'etape c/o Mairie

GR 7 nach Überqueren der D 485 Richtung Süd zum Col des Aillets, Col de Favardie; wunderbare Aussicht ins Azergues-Tal und zum Mont Tourvéon (siehe oben); am Col de la Cambuse bei Bedarf abzweigen über Gondras nach St-Vincent-de Reins (Ferme Camping)

69870 Grandris

und Lamure-sur-Azergues Restaurant; Busverbindung nach Lyon

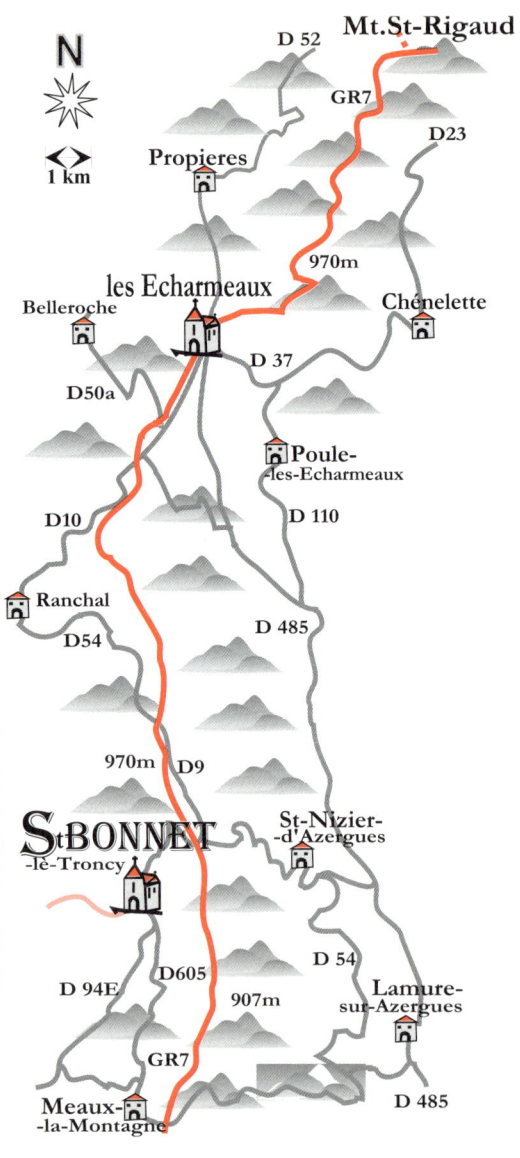

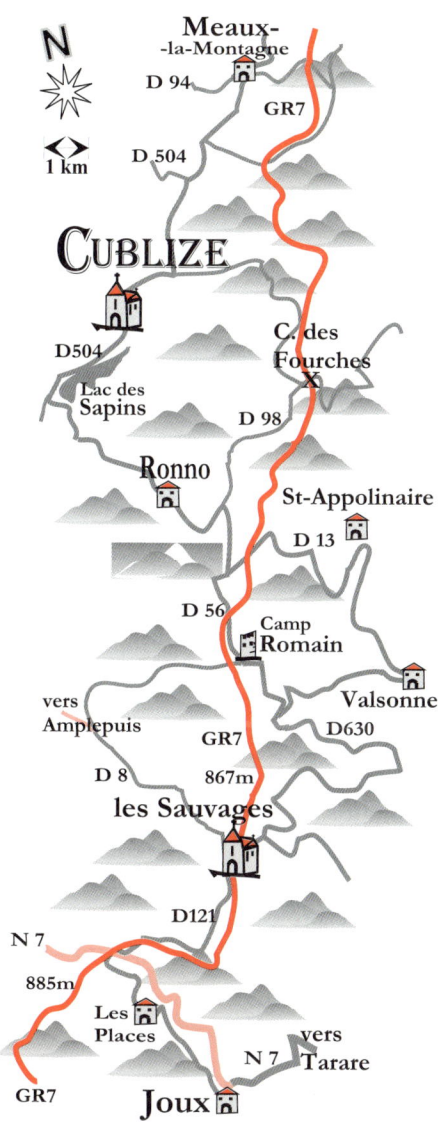

GR 7 vom Col de la Cambuse zum C. dés Fourches; hier kreuzt die D 98 nach Meaux-la-Montagne (Ferme Camping)

Cublize
Hotel/Restaurant;
Badesee Lac des Sapins
69550 Amplepuis
Gîtes d'etape Les trois Pins

Zurück zum GR 7 beim Col du Pilon D 13 (über die D 56 zu den Ausgrabungen eines Camp Romain aus dem 1./2. Jh.)

GR 7 Richtung Süden nach

les Sauvages
von hier Busverbindung nach Tarare und Lyon

GR 7 zum C. du Pin Bouchain (N 7 Roanne/Lyon) und auf die Höhe 885

— Wegzeichen —
Leben ist, alle Hindernisse
beiseite gelassen zu haben
und den gegenwärtigen
Augenblick unverbraucht
zu leben - ja,
manchmal müssen wir
sogar »Gott« los werden,
um Gott zu finden.

M

Der GR 7 verläuft ober-
halb des Geländeabbruchs
nach

42780 Violay
Logis de France

Von dort hinauf Richtung
Tour Matagrin; unterhalb
des Gipfels stößt der
GR 76 von Tarare und
Affoux auf unseren
Wanderweg, der später
eine kurze Wegstrecke
entlang der D 38 nach
Villechenève führt.
Wir folgen der D 4 über
les Olmes und les Auber-
ges (hier Abzweig nach
Longessaigne) nach

Montrottier
Hotel/Restaurant

Etappenziel in
Longessaigne
Ferme Camping

Hinter Montrottier
verläuft der GR 7 über
die Höhen unterhalb
des Mt. Pottu
nach

Brulloles
Anschluß über Bessenay
nach Lyon

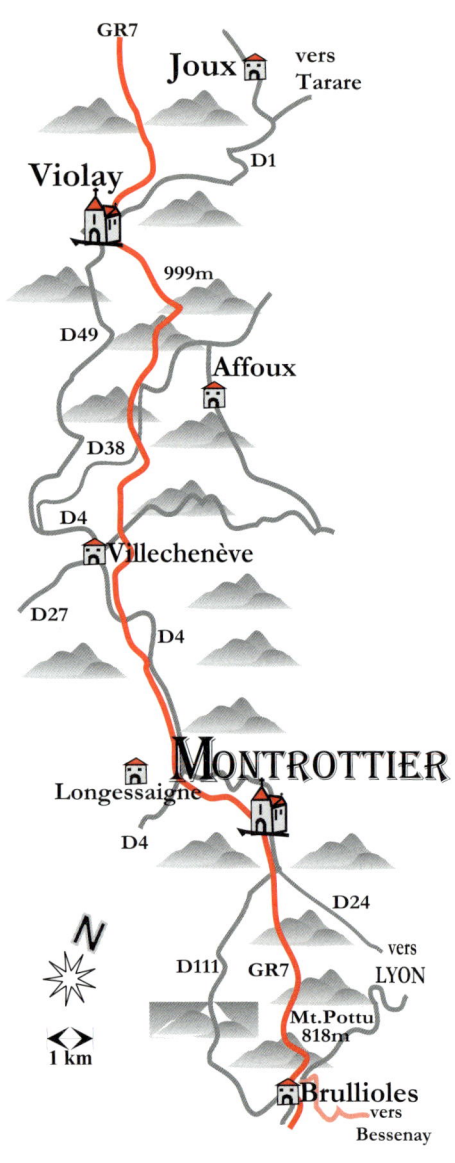

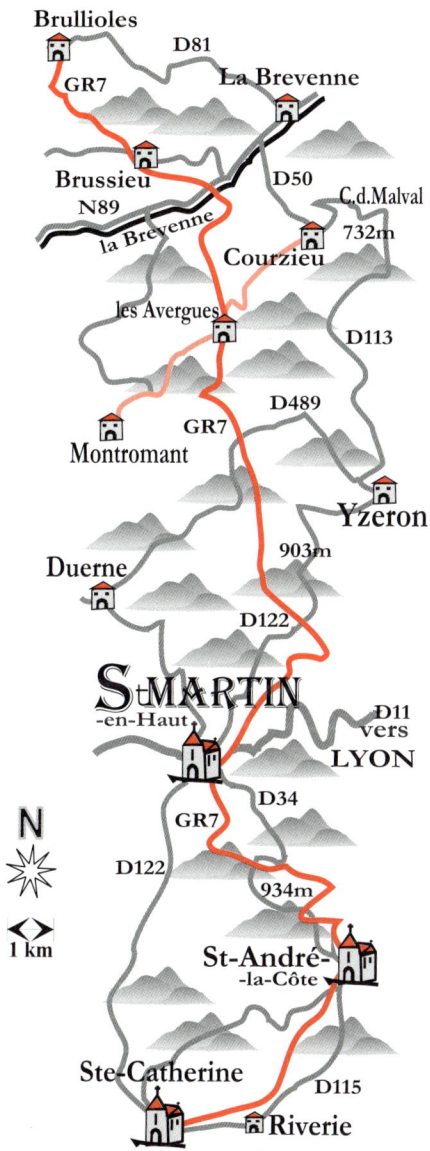

Der GR 7 führt hinunter ins Cosne-Tal; hinter der Brücke beginnt der Aufstieg nach Brussieu. Etwa ein Kilometer vor dem Ort kreuzt die alte Römerstraße unseren Wanderweg.

Die Berg- und Talfahrt geht weiter: zuerst hinunter ins Tal der Brevenne und dann über la Randonnière zum Etappenziel in

69690 Courzieu
Ferme Auberge

Zurück auf den GR 7 nach les Avergues. Nach ca. 2 km kreuzen wir die Landstraße D 489 von Duerne nach Yzeron und bleiben auf den Höhen der Monts du Lyonnais bis

69850 St.Martin en-Haute
Ferme Auberge; Ferme Camping; Logis de France

GR 7 entlang der D 122 nach Süden und hinauf auf den Signal de St.André; von dort nach

69440 St.Andre la-Côte
Restaurant

Höhenweg nach Ste. Catherine; Kreuzung der D 2 von St. Symphorien sur Coise ins Rhonetal

Der GR 7 folgt von Ste.Catherine der Land-straße Richtung Süden über le Châtelard nach Moreau. Nach ca. 1 km stößt von rechts der GR 73 auf unseren Wan-derweg, der an St. Christo-en-Jarez vorbei nach Valfleury führt. Abstieg ins Tal nach

42400 St.Chamond
Office du Tourisme; Bahnanschluß; Hotel/Res-taurant; alter Industrieort (Kohle und Stahl)

GR 7 beim Bahnhof vor-bei; der Weg steigt an zum Dorf Saint-Martin-en Coailleux und vorbei am Crêt de Bebris zum Col du Planil (Auberge). Weiter-zum Botanischen Pfad »Jean-Jacques Rousseau«

— Wegzeichen —
Wir haben Angst, wirklich zu werden, so wie die Spielsachen im Kinderbuch »Der Plüschhase«. Ihr größter Traum ist, wirklich zu werden; deshalb fragen sie ein erfahrenes Spielzeug: „Tut Wirklichwerden weh?" und erhalten die Antwort: „Wenn du wirklich bist, macht es dir nichts aus, daß es weh tut."
S

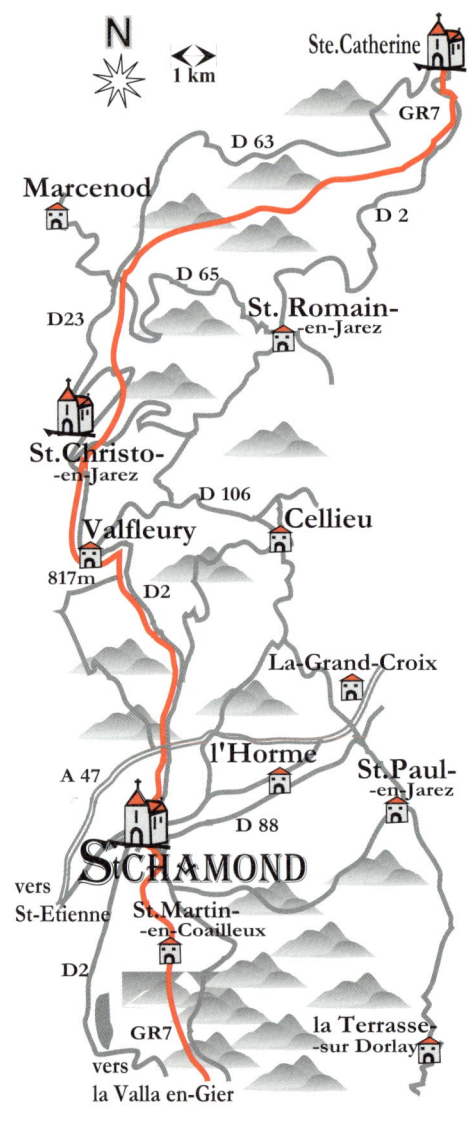

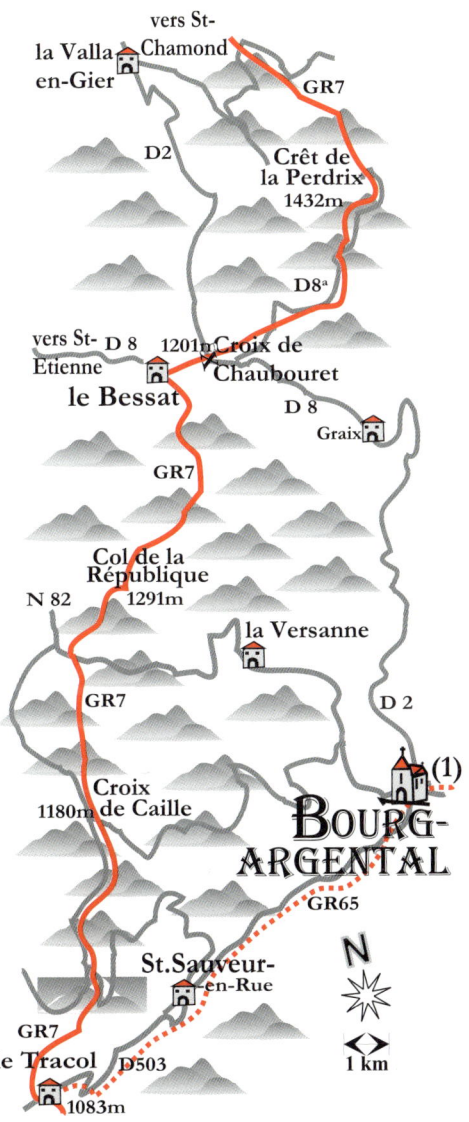

GR 7 unterhalb des Crêt de la Perdrix (Orientierungstafel); herrlicher Rundblick; Abstieg über den Kammweg nach
42660 Le Bessat
Gîte d'étape Maison Communale; Hotel/Restaurant

Col de la Republique
Croix de Caille
Abseits der Wanderroute liegen Gimel (Gîte d'étape) und St.-Sauveur-en-Rue (Camping); nächst größere Stadt ist

42220 Bourg-Argental
Office du Tourisme, place de la Liberte; Hotel/Restaurant;

Schloßruinen; altes Rathaus und Markthalle; romanische Kirche mit Tympanon (12. Jh.)

Bei (1) auf dem GR 65
hinunter ins Rhônetal.

GR7 nach
le Tracol
1020 m; Hotel/Restaurant

Spätestens hier treffen Sie Ihre Entscheidung: Der Pilger mit dem Ziel Santiago de Compostela wird den kürzeren Weg nach Le Puy en Velay (Seiten 64/65) wählen, der Wanderer dagegen den GR 7 zum Mt. Mézenc vorziehen.

GR 7 Abzweigung auf den GR 65 (siehe Seite 66) nach Les Sétoux (Gîte d'étape), Clavas (in der Nähe ein Zisterzienserkloster aus dem 12. Jh.) und Limenesse (Gîte d'étape); weiter nach

Montfaucon en Velay
Office du Tourisme 12,rue Centrale;
Gîte d'étape;
Hotel/Restaurant;

GR 65 in südlicher Richtung (D 500) nach

43190 Tence
Office du Tourisme; Hotel/Restaurant; Camping; schöne Altstadt; Busverbindung nach Yssingeaux.

Nun westlich über die Brücke Richtung Saint-Jeures (Gîte d'étape; Hotel/Restaurant) nach

Araules
(Restaurant).

Die nächst-größere Stadt:

Yssingeaux
Office du Tourisme; Hotel/Restaurant.

Eine der ungewöhnlichsten Stadtanlagen Frankreichs; bedeutende romanische Kirchen.

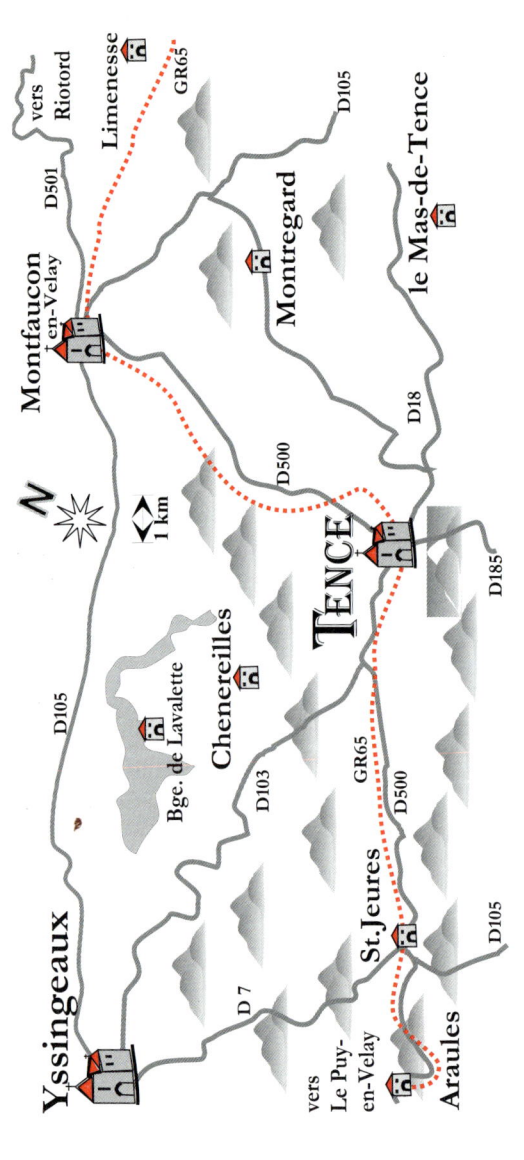

Limenesse

vers Riotord

D501

GR65

D105

le Mas-de-Tence

Montgard

Montfaucon en-Velay

D18

D500

N

1 km

TENCE

D185

Bge. de Lavalette

Chenereilles

D105

D103

D500

GR65

St.Jeures

D105

Yssingeaux

D 7

vers Le Puy-en-Velay

Araules

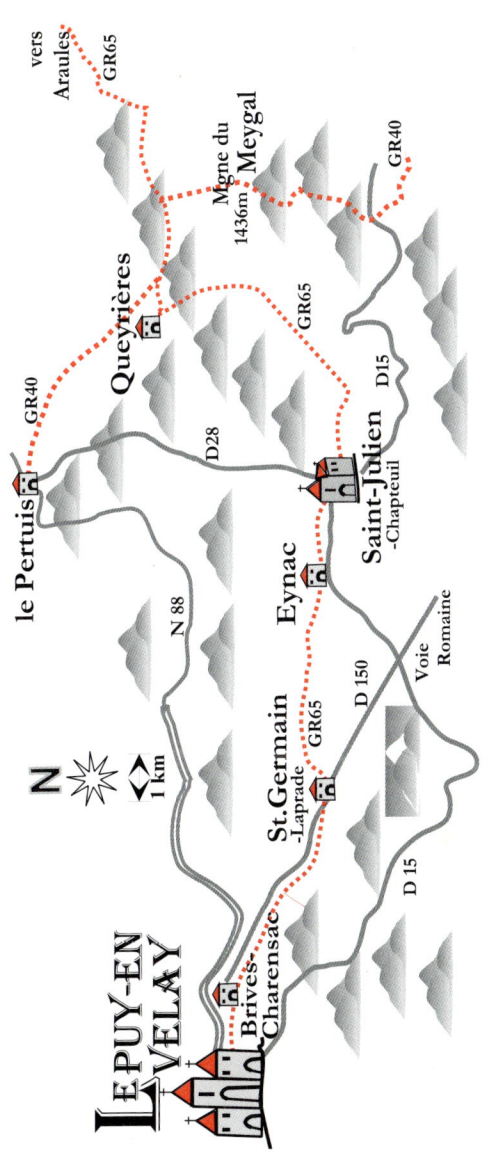

GR 65 weiter Richtung Queyrières (Hotel/Restaurant; Gîte d'étape de Marliou); links die Kuppen der Mgne du Meygal, die der GR 40 erschließt.

Vor dem Ort Richtung Saint Julien, über Monedeyres und Le Moulin de Guérin.

Saint Julien-Chapteuil

Office du Tourisme; Hotel/Restaurant; Gîte d'étape; Camping

Kirche aus dem 12. Jh. mit Baptisterium aus dem 8. Jh.

Über Eynac, St. Germain-Laprade (Restaurant) und entlang der D 150 zum Aussichtspunkt

»Montjoie«

von hier sieht man Le Puy en Velay zum ersten Mal.

Wir erreichen Brives Charensac (sehenswerte römische Brücke) und kurz danach

43000 Le Puy en Velay

(siehe hierzu Seite 70)

GR 7 le Tracol; bei (1)
Abzweigung des GR 65
nach Le Puy; ab (2)
siehe Seite 64.

Vorbei am *Pyfara*
(1381 m)

Weiter zum Croix de la
Charousse (Eisenkreuz);
wichtige Kreuzung D 184 /
D 570 A; etwas später
Abzweig zum Gipfel des

le Grand Felletin
(1387 m)
Orientierungstafel;
wunderbarer Rundblick;
kurz vor St-Bonnet stoßen
wir auf den GR 420

43290 St.Bonnet-le-Froid
Hotel/Restaurant;
Gîte d'étape
Kreuzung D 112 nach

07690 St.André en-Vivarais

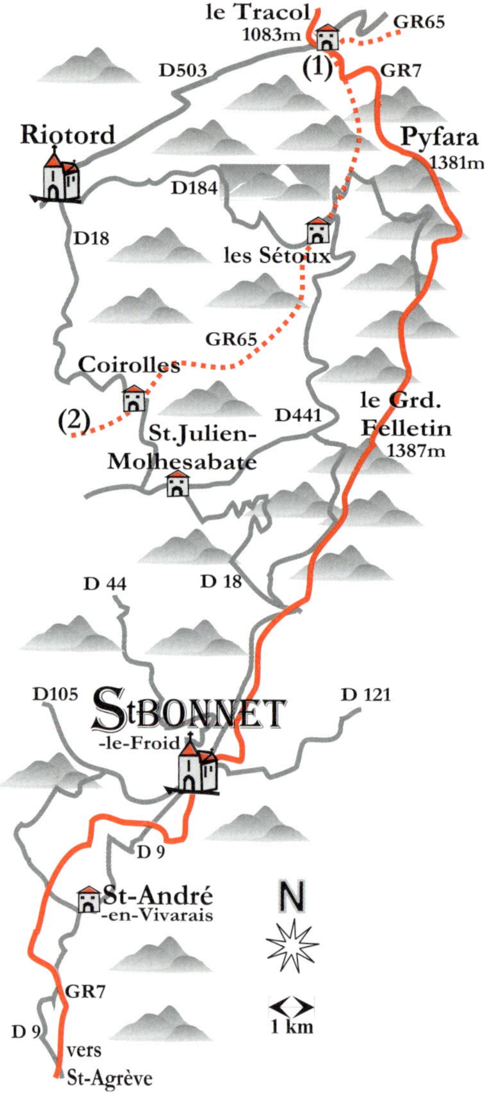

le Tracol
1083m

GR65

(1)

GR7

D503

Pyfara
1381m

Riotord

D184

D18

les Sétoux

GR65

Coirolles

(2)

D441

le Grd.
Felletin
1387m

St.Julien-
Molhesabate

D 44

D 18

D105

StBONNET
-le-Froid

D 121

D 9

St-André
-en-Vivarais

N

GR7

1 km

D 9

vers
St-Agrève

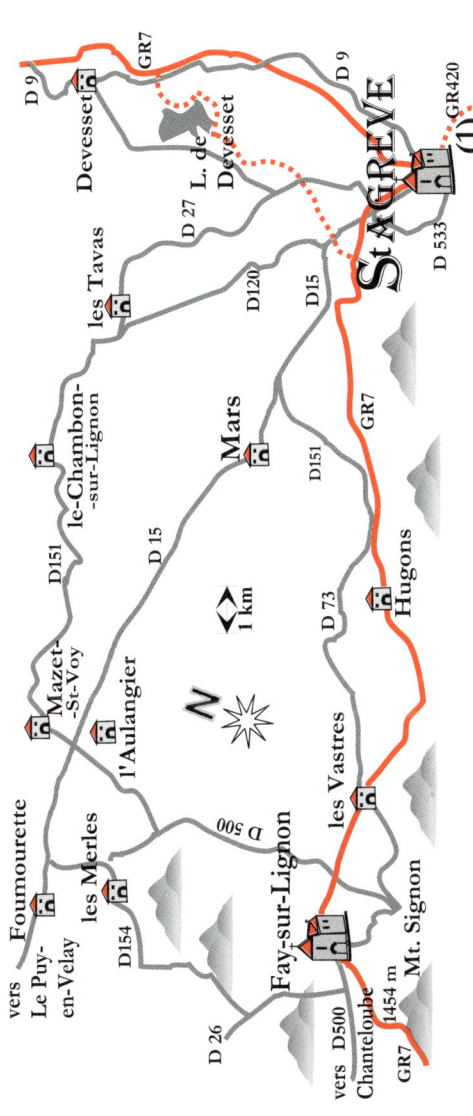

GR 7 / GR 420 abschnittweise parallell zur D 9 nach

Devesset
Hotel/Restaurant; Camping

Am Friedhof via Lac de Devesset nach Flossac; Variante als Umgehung von St-Agreve

07320 St. Agreve
Hotel/Restaurant; Logis de France; Gîte d'étape Château Lacour

Der GR 420 wendet sich bei (1) nach Süden Richtung Rhonetal (siehe »Auf Jakobswegen: Schweiz- Savoyen-Rhone« im gleichen Verlag).

Wir wandern auf dem GR 7 über das vulkanische Hochplateau nach

43430 Fay-sur-Lignon
Office du Tourisme; Hotel/Restaurant; Gîte d'étape Ursprüngl. Fay-le-Froid; Bergdorf in 1190 m Höhe, am steilen Abriß des Lignon; lebhafte Vieh- und Pferdemärkte; weiter Richtung

Mt. Signon
und Chaudeyrolles

67

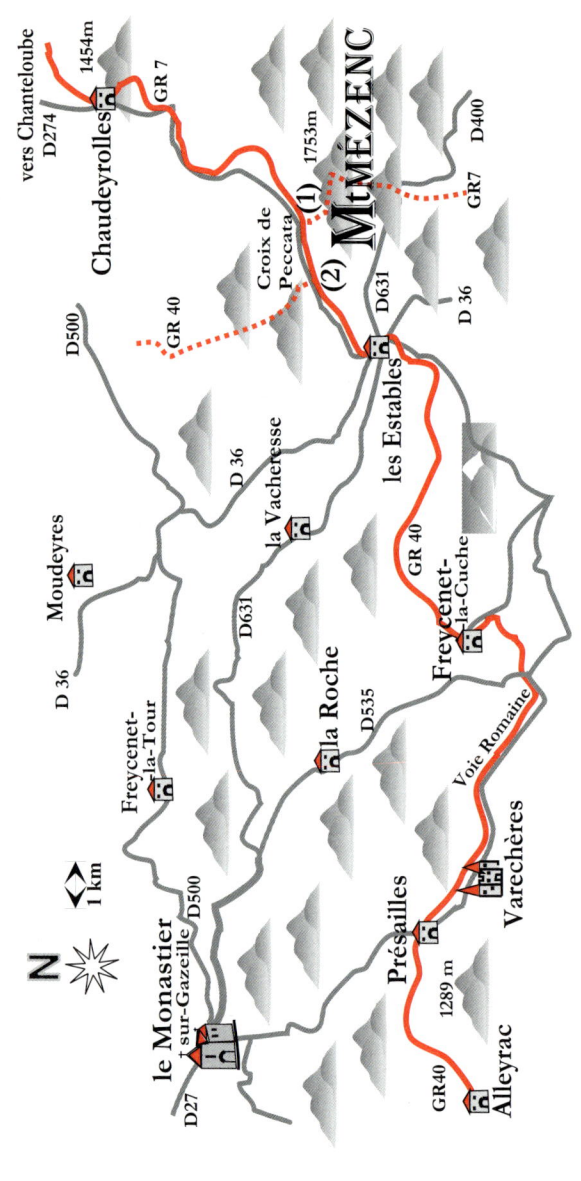

vers Chanteloube

1454m

D274

GR 7

Chaudeyrolles

1753m

D400

D631

(1)

(2)

Mt MÉZENC

GR7

Croix de Peccata

GR 40

D 36

D500

les Estables

D 36

la Vacheresse

GR 40

Moudeyres

D631

Freycenet-la-Cuche

D 36

la Roche

D535

Freycenet-la-Tour

Voie Romaine

Varechères

N

1 km

Présailles

le Monastier sur-Gazeille

D500

1289 m

D27

GR40

Alleyrac

Der Mont Mézenc gehört zu einer Kette von Vulkanbergen, die sich von Le Puy über die Monts du Vivarais und nordwestlich von Aubenas bis zum Plateau du Coiron hinziehen. Dieses Hochplateau ist durch Lavaströme aus dem Massif Central entstanden und erreicht beim Pic de Chenavari unmittelbar das Rhônetal. Mit ihren dunklen Ergußgesteinen, dem eher kargen Weideland und der dünnen Besiedlung strahlen diese vulkanischen Landschaften eine eigenartige Faszination aus. Der Mont Mézenc bildet die Grenze zwischen den Départements Haute-Loire und Ardèche; auf dem Gipfel großartige Aussicht in alle Himmelsrichtungen. Südlich des Mont Mézenc, am Le Gerbier du Jonc, entspringt die Loire, der längste französische Fluß.

Das Mittelgebirge mit Höhen bis über 1500 m besteht aus weitläufigen Heideflächen und dürftigen Weiden und ist nur im Norden von Tannenwald bedeckt. Der Ost- und der Südrand des Zentralmassivs bilden die Wasserscheide zwischen dem Atlantischen Ozean und dem Mittelmeer. Für die Region typisch sind die starken Temperaturschwankungen; man kann an einem einzigen Tag Differenzen von 40 °C feststellen. Der Frühling beginnt spät und die Monate Mai und Juni sind durch den Gegensatz von blühenden Obstbäumen und bunten Wiesen in den Niederungen und den Schneeresten auf den Bergen besonders eindrucksvoll. In dieser Zeit ist das Wetter zum wandern ideal und auch im Herbst sind die mittleren Höhen klimatisch sehr günstig; der Winter bringt in den Bergen viel Schnee.

Weiter westlich folgen das Vulkangebiet des Velay und das vulkanische Einbruchbecken von Le Puy, in das wir nun hinein wandern. Zwischen den beiden Vulkanmassiven des Aubrac und des Vivarais schiebt sich mit der Landschaft des Gévaudan und den Monts de la Margeride ein breiter Streifen alten Grundgebirges, der den gesamten Nordostteil des Départements Lozère umfaßt. Zwischen Monistrol und Langeac durchstößt der Allier die wilden Granitformationen zwischen den Monts de la Margeride und den Monts du Devis, dem westlichen Velay und bildet etwa von Monistrol ab eine tief eingeschnittene Schlucht, die »Gorges de l'Allier«.

Chaudeyrolles (Restaurant) verdankt seinen Namen einem Krater (ursprl. Chaudron, caldeira), auch »Les Narces« genannt, wo Torf abgebaut wird. Aufstieg über La Roche Pointue zum

Croix de Peccata (1)
Aufstieg zum Doppelgipfel des Mt. Mézenc; herrliches Panorama. Verbindungsweg zum GR 40, den Sie bei **Ziffer (2)** erreichen.

les Estables
Hotel/Restaurant; Ferme Auberge

GR 40 nach Freycenet-la-Cuche und auf dem »Voie Romaine« weiter nach Varechères (Schloß); am Ortsausgang in westl. Richtung nach Présailles. Von hier Abstecher nach

43150 Le Monastier-sur-Gazeille
Hotel/Restaurant

Abtei Saint-Chaffre aus dem 11.Jh.; interessante Architektur aus farbigem Stein; Arkaden und Säulen mit verzierten Kapitellen; Mosaikdekoration in der Fassade; romanisches Langhaus und gotischer Chor.

Von Présailles auf dem GR 40 unterhalb des Mt. Breysse nach Alleyrac

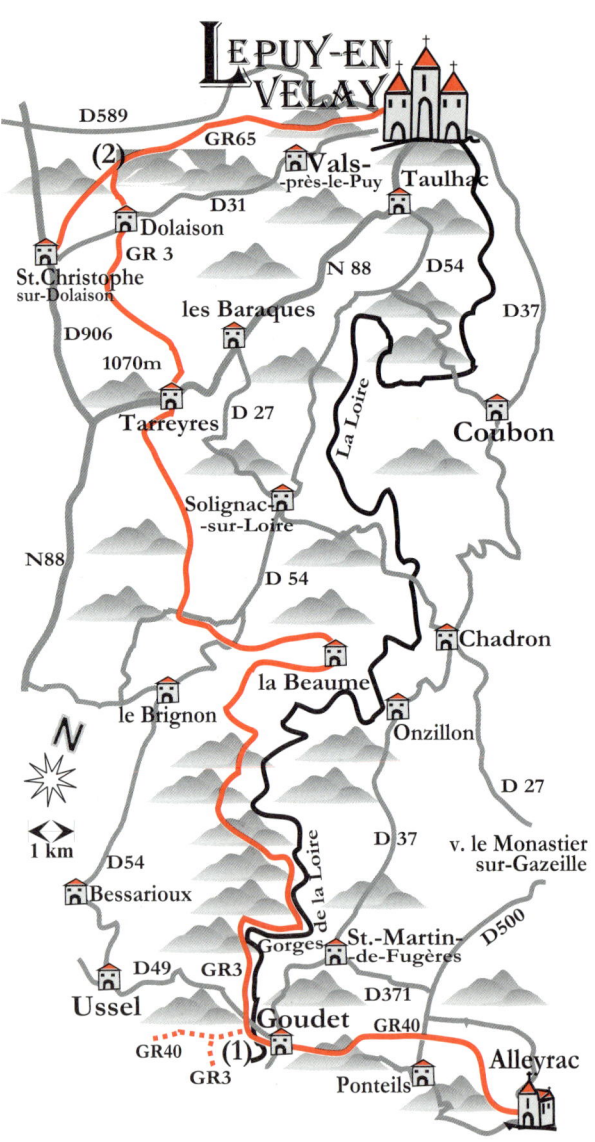

Letzte Etappe auf dem Weg nach Le Puy!

GR 40: Start in Alleyrac nach Westen hinunter ins Tal der Loire.

Hinter Goudet, bei Ziffer (1), verlassen wir den GR 40 und wandern weiter auf dem GR 3 durch die Gorges de la Loire nach Norden.

Auf der Höhe von les Rozières nach NW (schlechte Wegmarkierung) in Richtung Tarreyres und Dolaison.

Bei Ziffer (2) trifft der GR 3 auf den GR 65, unser Wanderweg zu den Pyrenäen. Doch zuerst gehen wir den GR 65 Richtung NO nach

43000 Le Puy-en-Velay
Office du Tourisme, place du Breuil; Bahnstation; Hotel/Restaurant; Logis de France; Jugendherberge; Camping
(Bilder Seite 54/55)

Le Puy-en-Velay

oder Puy-Notre-Dame, ist seit dem Ende des 10. Jh. Sammelpunkt der Jakobspilger nach Santiago de Compostela - hier begann die *Via Podiensis*, einer der vier mittelalterlichen Pilgerwege in Frankreich. Unsere Reise auf dem »Jakobsweg der Freude« hat seinen ersten geschichtlichen Höhepunkt erreicht, und aufgrund unserer bisherigen Wanderung kommt ein Gefühl auf, wie es die Pilger des Mittelalters wohl empfunden haben dürften, als sie das eindrucksvolle Stadtbild sahen.

Unterhalb des Rocher Corneille steht die Kathedrale Notre-Dame du Puy aus dem 12. Jh., ein bemerkenswertes Beispiel der auvergnatischen Romanik, mit byzantinischen Stilelementen. Dreischiffige Basilika mit Querschiff, Trompenkuppeln im Mittelschiff, hohe Vierungskuppel, gerader, geschlossener Chor. Der östliche, isoliert stehende Glockenturm ist 56 m hoch. Zugang zur Kathedrale von Westen über eine breite Treppe mit 60 Stufen bis zum Kryptoportikus, weiter zum »Goldenen Tor«, vorher rechts die Martinskapelle mit Freskenresten des 12./13. Jh. Auf der linken Seite Zugang zur Reliquienkapelle. Von der Nordseite (Porche Saint-Jean) betraten früher die Herrscher die Kirche, von der Südseite (Porche du For) durfte nur der Papst oder sein Stellvertreter die Kirche betreten.

Auf dem Hochaltar, unter der Vierung, die Schwarze Madonna des 19. Jh.; die ursprünglich verehrte Madonnenfigur, die Ludwig der Heilige aus dem Orient mitgebracht hatte, wurde während der Revolution in Brand gesteckt. Wandbild des Hl. Michael, um 1100; von der rechten Chorkapelle Zugang in die Sakristei, heute Schatzkammer. Von der Nordseite des Langhauses Zugang zum Kreuzgang; verzweigte Klosteranlage. Über Steintreppen hinauf zur 16 m hohen »Notre-Dame-de-France«, einer im Jahre 1860 aus erbeuteten russischen Kanonen gegossenen Marienstatue. Schöne Altstadt rings um den Rocher Corneille; alte Häuser in der rue Pannessac/rue Chamarlenc.

Auf der 88 m hohen Vulkannadel Rocher St-Michel, dem Wahrzeichen von Le Puy, stand zur Römerzeit ein Merkurtempel. Die erste Kapelle wurde 962 erbaut, der heutige Bau stammt von etwa 1100. Schönes Portal mit Steininkrustation (sarazenischer Einfluß) und Reliefs. Innenraum über unregelmäßigem, dem Basaltkegel angepaßtem Grundriß. Säulenumgang, Tonnengewölbe, bemerkenswerte karolingische Fresken.

ᛗ Chemin de Saint Jacques

Wir verlassen Le Puy auf der Rue St. Jacques (GR 65) Richtung Westen. Über St. Christophe-sur-Dolaison weiter nach Ramourouscle.

Eine Variante führt über

43370 Bains
Tourist Information; Hotel/Restaurant; Camping; Ferme Auberge.

Zwischen Ramourouscle und Montbonnet (Gîte d'étape) liegt die alte Pilgerkirche Chapelle St. Roch. Der GR 65 kreuzt die D 589 und führt über die Hochebene nach

St.Privat d'Allier
Tourist Information; Hotel/Restaurant; Camping

Über Rochegude (Schloßruine) hinunter ins Tal der Allier nach

43580 Monistrol-d' Allier
Bahnanschluß; Centre d'Accueil; Hotel/Restaurant; Camping

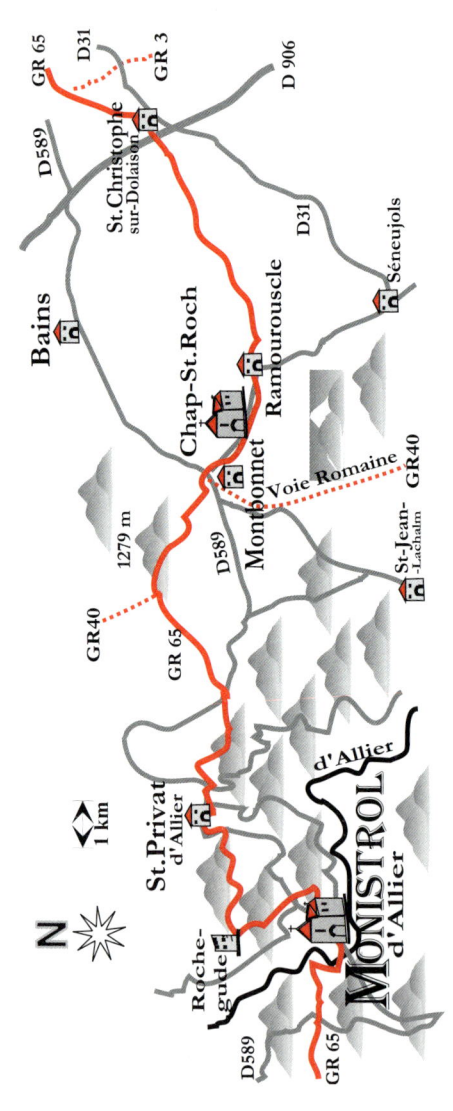

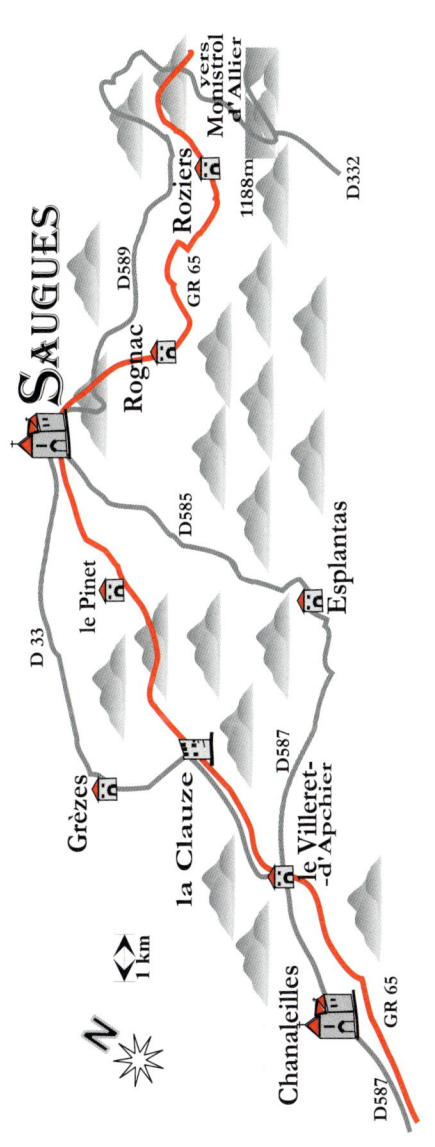

Steiler Anstieg auf das Plateau des Gévaudan, wo Sagen und Märchen über ein Ungeheuer die Runde machen, das um das Jahr 1760 die hier lebenden Menschen in große Angst versetzt haben soll.

43170 Saugues
Tourist Information;
Hotel/Restaurant;
Ferme Auberge;
Gîte d'étape; Camping

Die Stadt wird beherrscht vom Tour des Anglais, Teil einer Burg aus dem 13. Jh. Auch hier beeinflussten die Jakobspilger des Mittelalters die Geschichte des Ortes, wie das alte Hospital St. Jacques belegt. Das Colleg St. Médard verwahrt einige sehenswerte Kostbarkeiten, u.a. eine Piéta aus dem 15. Jh.

GR 65 weiter nach

la Clauze
Turm aus dem 12 Jh., auf einem Felsen erbaut,

le Villeret und

Chanaleilles
Gasthaus; schöne Kirche mit Arkaden.

Abzweigung zur

Fme de Sauvage
einsame Viehfarm auf
1292 m Höhe; frühere
Tempelritter-Burg;
Gîte d'étape.

GR 65 zur Chap. St. Roche
(Schutzhütte); über
le Rouget nach

**48120 St. Alban
sur-Limagnole**
Hotel/Restaurant;
Gîte d'étape; Camping

Ort am Westrand der
Margeride; romanische
Kirche mit Kammglocken-
turm.

Über Chabanes-Planes
und les Estrets (Gîte d'é-
tape) nach

48130 Aumont-Aubrac
Tourist-Information;
Bahnanschluss;
Hotel/Restaurant;
Gîte d'étape.

Eine der ehemaligen
Hauptstädte des Gévau-
dan; der Ort liegt an der
Kreuzung alter Handels-
wege und am mittelalter-
lichen Pilgerweg nach
Santiago de Compostela.
Bereits im Jahre 1061
stand hier eine Benedik-
tinerabtei, von der sich
die Kirche Saint Etienne
aus dem 12. Jh. erhalten
hat.

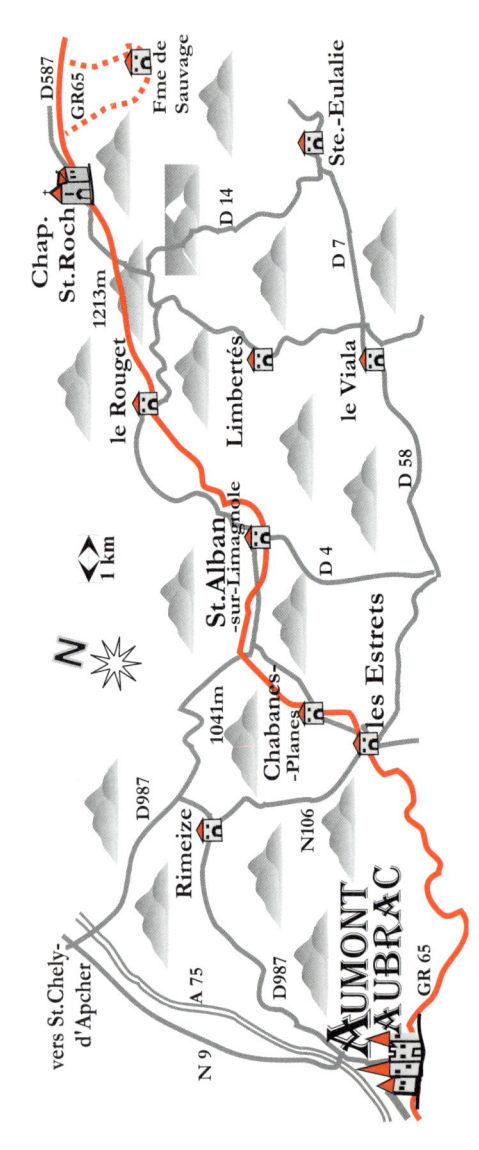

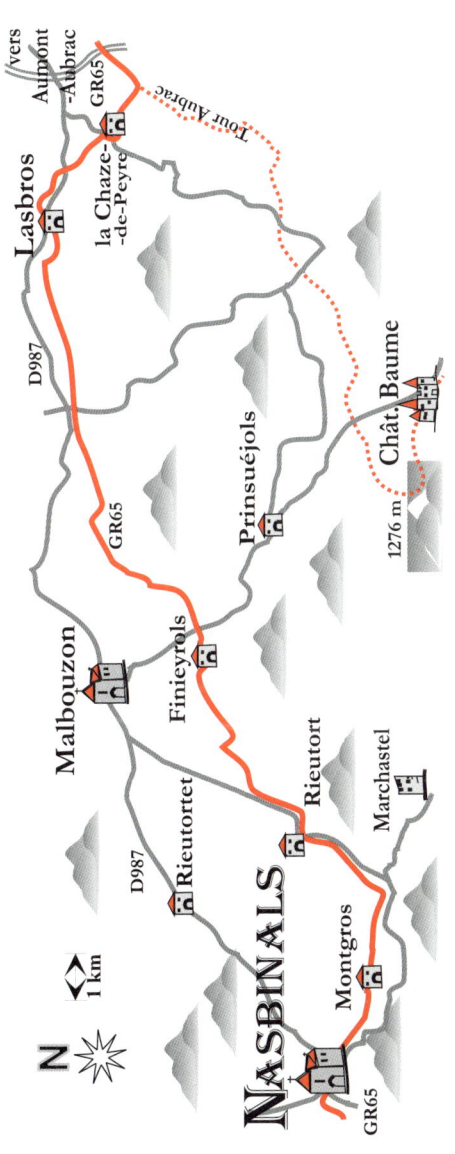

Die Monts d'Aubrac, am Signal de Mailhébiau 1469 m hoch, sind eine nur wenig zerklüftete, seenreiche Hochfläche aus Vulkangestein, die nur im Südwesten stärker bewaldet ist, sonst aber von einsamen Wiesen und Weiden geprägt wird. Zur Zeit der Jakobspilger war die »Haute Route« nicht nur im Winter sehr gefürchtet. Der GR 65 verläuft streckenweise über die mittelalterliche Route.

Übernachtungsmöglichkeiten in
- Prinsuéjols (Gîte d'étape)
- Malbouzon (Fme Aubge)
- Montgros (Fme Aubge)

Abstecher auf der »Tour Aubrac« nach

Château de la Baume
Schloß, im 17. Jh. aus Granitstein erbaut, mit schöner Inneneinrichtung; Besichtigung.

Über Finieyrols, Rieutort und Montgros nach

48260 Nasbinals
Tourist Information; Hotel/Restaurant; Gîte d'étape; Ferme Auberge; Camping; (Ortsbeschreibung siehe nächste Seite)

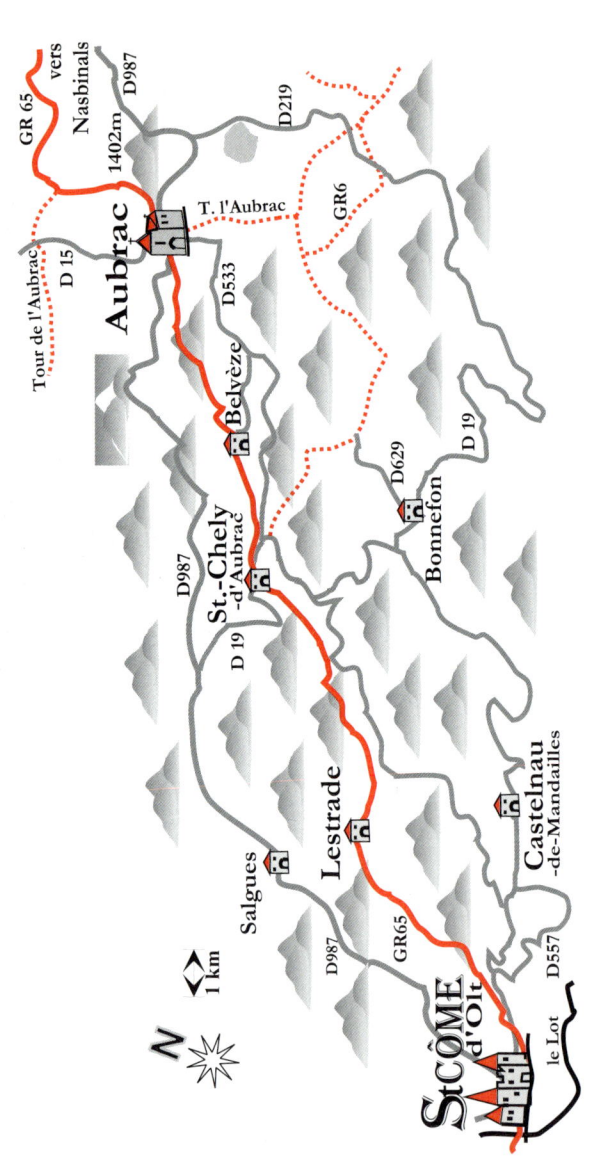

GR 65
vers
Nasbinals

D987

D219

1402m

T. l'Aubrac

GR6

Aubrac

Tour de l'Aubrac
D 15

D533

Belvèze

D629

D 19

Bonnefon

St.-Chely
-d'Aubrac

D987

D 19

Lestrade

Castelnau
-de-Mandailles

Salgues

GR65

D987

D557

N

1 km

St CÔME
d'Olt

le Lot

Nasbinals

Nasbinals ist ein Ort mit typischen Häusern des Aubrac; sehenswerte romanische Kirche aus dem 11. Jh. Ausflugstip: Nehmen Sie von hier aus die Landstraße Richtung Montgras, und die D 52 bis Bonnecombe im unbewaldeten Teil der Monts Aubrac; der Weg führt an zahlreichen idyllischen kleinen Seen vorbei durch eine welt-abgeschiedene Landschaft. Nach ca. 12 km, westlich der Straße, der Signal de Mailhebiau, mit 1469 m der höchste Gipfel der Monts 'Aubrac. Eine Besteigung dauert ca. 1 1/2 Std. Zurück nach Aubrac über die Tour de l'Aubrac/GR 60.

12470 Aubrac
Hotel/Restaurant;
Gîte de groupes;
Logis de France;
Wanderherberge im
»Tour des Anglais«;
hinunter ins Tal über
Belvèze nach

St Chély d'Aubrac
Tourist Information;
Hotel/Restaurant,
Gîte d'étape

Über Lestrade/Castelnau-de-Mandailles
(Ferme Auberge)
nach

12500 St Côme-d'Olt
Tourist Information;
Hotel/Restaurant;
Gîte d'étape; Camping

Aubrac

Die rauheste Ecke der Region (1300 m) und im Mittelalter besonders gefürchtet. Deshalb übernahm ein Ritterorden den Schutz der Pilger nach Santiago de Compostela und baute bereits im 12. Jh. eine Klosterburg mit Hospital, von der nur noch ein mächtiger Turm sowie die romanische Kirche erhalten sind. Probieren Sie hier das Schäferessen »Aligot« (Kartoffeln mit Käse und Speck), am besten im »Buron«, der landestypischen Schäferhütte. Übrigens: um den 25. Mai herum findet der Almauftrieb statt, verbunden mit einem farbenfrohen Volksfest (Fête de la Transhumance).

St Côme d'Olt

Liebevoll restaurierte, mittelalterliche Stadt am Lot; gut erhaltene Tore der Stadtbefestigung; sehenswerte Kirche mit gedrehtem Turm; stimmungsvoller Markt auf dem Kirchplatz.

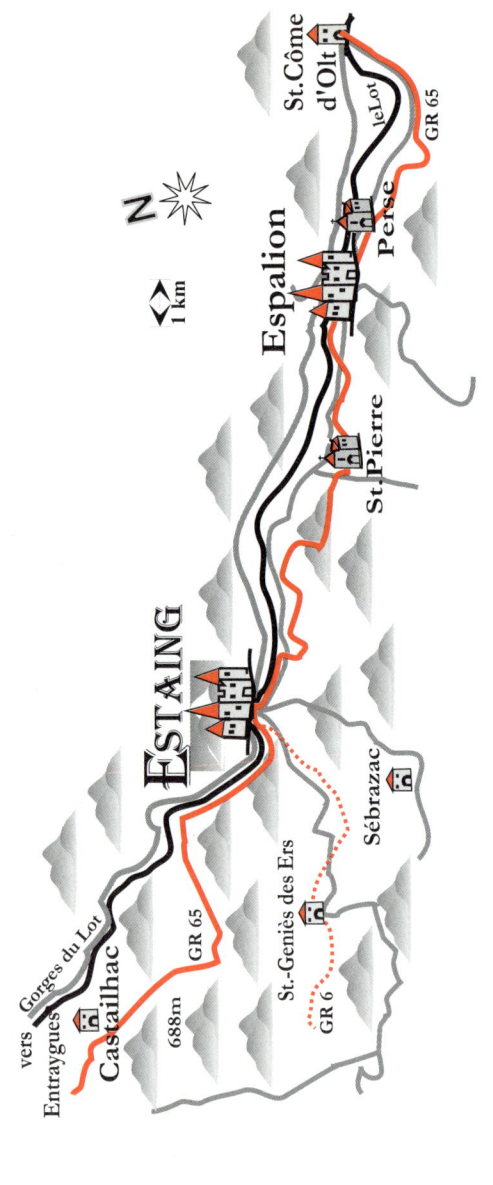

St.Côme d'Olt

le Lot

GR 65

Perse

Espalion

St.Pierre

ESTAING

Sébrazac

St-Geniès des Ers

GR 65

GR 6

Castaillhac

688m

vers Gorges du Lot

Entraygues

N

1 km

GR 65 über die Lot-Brücke flußabwärts; vor Espalion rechts ab zur Eglise de Perse (Chapelle Saint-Hilarian); unweit der Kapelle wurde der Hl. Hilarian enthauptet.

12500 Espalion
Office du Tourisme;
Bahnstation;
Hotel/Restaurant;
Camping.

Der Wanderweg folgt dem Tal des Lot zur
Eglise Saint-Pierre
unterhalb Bessuejouls;
weiter nach

12190 Estaing
Tourist Information;
Hotel/Restaurant;
Pilgerherberge;
Ferme Camping;

Ferme Camping in Sébrazac (südl.)

GR 65 entlang der D 22 nach St. Geniès des Ers

Espalion

Im Tal des Lot gelegene Stadt, überragt von den Ruinen des Schlosses Calmont d'Ôlt. Die Pont Vieux, eine alte Brücke aus dem 13. Jh., bildet zusammen mit dem Vieux Palais und den Gerberhäusern ein äußerst malerisches Ensemble. Vieux Palais, 1572 im Stil der Renaissance am Ufer des Lot erbaut, mit einem kleinen Türmchen versehen; ehemaliger Justizpalast. Les Vieilles Tanneries, alte Gerberhäuser am rechten Ufer des Lot mit schönen Holzbalkonen. Musée Joseph-Vaylet, in der ehemaligen Kirche Saint-Jean aus dem 15. Jh. untergebracht. Heimatmuseum mit Sammlungen aus dem traditionellen Lebensbereich der Bewohner von Espalion und des Rouergue: Trachten, Mobiliar, Hausrat u. a. m. Daneben, einzigartig in Frankreich, eine Sammlung von 300 Weihwasserkesseln. Château de Calmont, mittelalterliche Schloßruine im Südwesten der Stadt inmitten einer schönen Parkanlage. Von hier aus reizvoller Blick über das Lot-Tal und die Monts d'Aubrac.

Eglise Saint-Pierre

Mittelalterliche Kirche, deren Turm eine seltene Kostbarkeit aufweist: eine versteckte Wendeltreppe führt in eine Kapelle, im romanischen und vorromanischen Baustil errichtet, mit einem Altar aus der Zeit der Merowinger.

Estaing

Über einem malerischen Lot-Mäander gelegener Ort mit einem schönen Gebäude-Ensemble alter Häuser aus dem 16. bis. 18. Jh., einem Schloß aus dem 15. und 16. Jh., sowie einer Lot-Brücke aus dem 13. Jh.

Die »Entdeckung des Menschen«

Zu den ältesten Funden, die man aus prähistorischer Zeit gemacht hat, gehören diejenigen in den Höhlen Südwestfrankreichs; die dortigen Fundorte geben den verschiedenen vorgeschichtlichen Epochen ihren Namen. So unterscheidet man für den Zeitraum der Jüngeren Altsteinzeit *(Paleolithique superieur)*, in dem man den Beginn einer Entwicklung bildnerischer Kunst ansetzen kann (vor etwa 40.000 Jahren), das *Perigordien, Aurignacien, Solutreen* und *Magdalenien*. Der *Homo sapiens* läßt sich im *Aurignacien*, ca. 30.000 bis 20.000 Jahre vor Christus, nachweisen und wird deshalb als Aurignacien-Mensch bezeichnet. Aus dieser Zeit, die nach dem Ort Aurignac in der Nähe von Saint Gaudens benannt wird, haben sich Fingerschleifspuren, Hand- und Fußabdrükke, Figurenreliefs und Tiergravierungen bis in unsere Tage erhalten. Funde aus dem *Solutréen* (benannt nach dem Ort Solutré bei Mâcon) sind mittels einer speziellen Schlagtechnik verfertigte Feuersteine, Pfeilspitzen und Nadeln mit Nadelöhr versehen. Das *Magdalénien*, benannt nach La Madeleine bei Les Eyzies-de-Tayac, Dép. Dordogne, setzt man für einen Zeitraum vor 15.000 bis 10.000 Jahren an.

Ab 10.000 v.Chr. begann in Südfrankreich eine große Bevölkerungsverschiebung, die mit dem Zurückweichen der Gletscher und dem Abwandern des Rens zusammenfällt, das als Jagdtier für den damaligen Menschen von großer Bedeutung war. Aus dieser Zeit, also dem Ende der Altsteinzeit, stammen Malereien und Funde zahlreicher südfranzösischer Höhlen. Diese Periode brachte reiche und ausdrucksvolle bildnerische Gestaltungen in Form von Höhlengravierungen, -skulpturen und -malereien von Rentieren, Bisons, Pferden, Mammuten, Hirschen und Menschen als Zauberer mit Tiermasken. Die umfangreichsten Darstellungen finden sich, neben anderen Höhlen mit Gravuren, Strichzeichnungen und Malereien, in der 1940 von spielenden Kindern entdeckten Höhle von Lascaux bei Montignac.

(Siehe auch Grotte Pech-Merle auf Seite 87)

Bilder rechts o.: Blick auf Conques mit Kloster Sainte-Foy
u. Das Wahrzeichen von Cahors: Pont Valentré

Seite 82/83
Großes Bild: Moissac, Abtei Eglise Saint-Pierre; Kreuzgang
o.r. Eglise Saint-Pierre; Portal und Tympanon
o.l. Blick auf Rocamadour

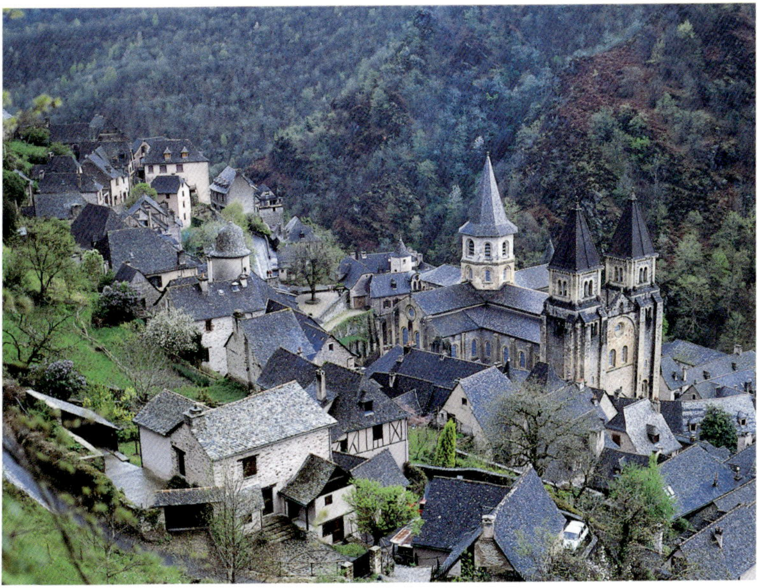

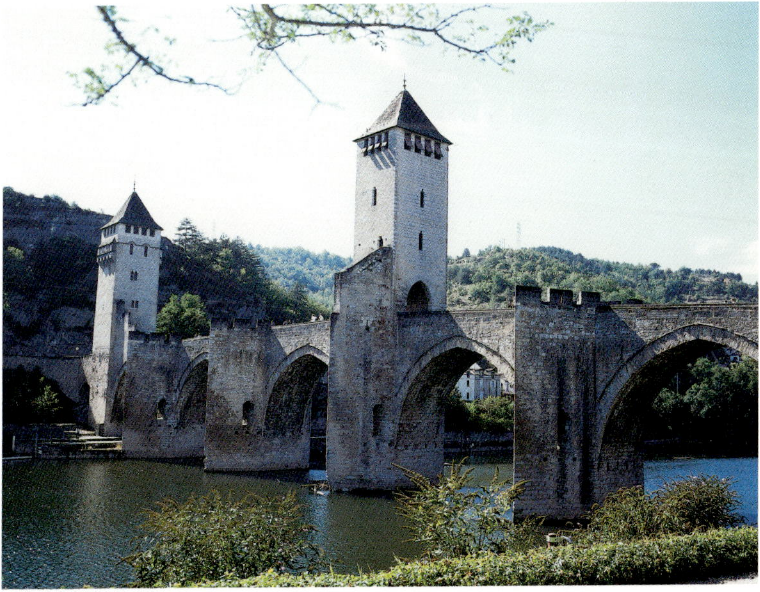

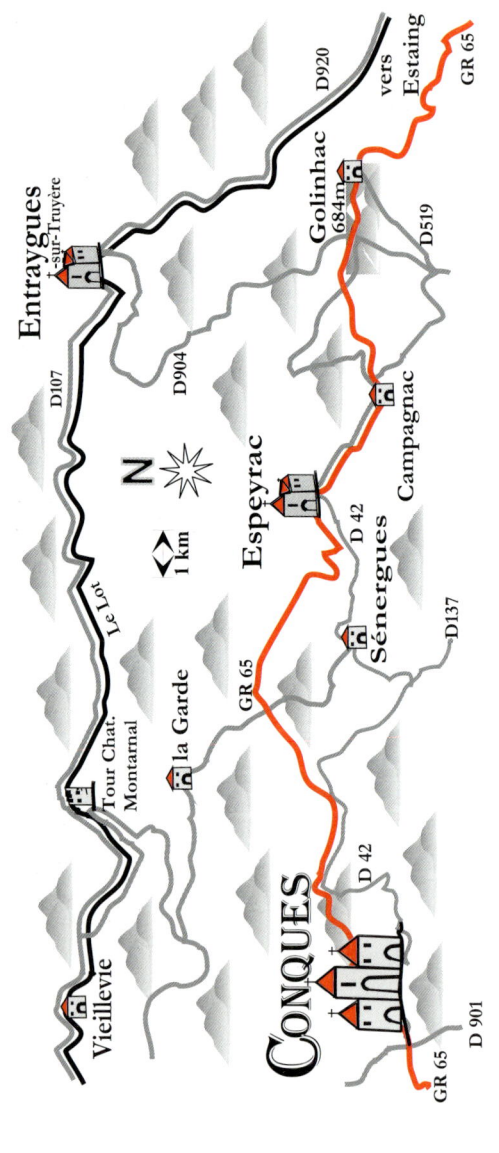

Entraygues
-sur-Truyère

Golinhac
684m

vers
Estaing

GR 65

D920

D519

D107

D904

D42

Espeyrac

Campagnac

N

1 km

Le Lot

Sénergues

D137

Tour Chât.
Montarnal

la Garde

GR 65

D42

Vieillevie

CONQUES

D901

GR 65

GR 65 oberhalb der
Gorges du Lot nach

12140 Golinhac

Gîte d'étape;
Ferme Auberge; Camping;

von hier Abstecher über
den GR 416 nach

Entraygues-sur-Truyère

Syndicat d'Initiative
Tour de Ville;
Hotel/Restaurant;
Ferme Auberge;
Camping.

Auf dem GR 65 weiter
nach Espeyrac
(Restaurant);
bei Bedarf ausweichen
nach Sénergues
(Ferme Auberge).

12320 Conques

Syndicat d'Initiative;
nächste Bahnstation:
Marcillac, 19 km südlich;
Hotel/Restaurant;
Camping
(Bild Seite 81 o.)

GR 65 hinab ins Tal
der Ouche (D109);
Camping

Golinhac

Westlich des Orts hat man von der Kapelle Notre Dame des Hauteurs einen herrlichen Blick in die Gorges du Lot, eine 17 km lange, bis zu 300 m tiefe wilde Schlucht zwischen Estaing und Entraygues-sur-Truyère (D 920); hinunter ins Tal, vorbei am imposanten Felsen Rocher de Duc, nach

Entraygues-sur-Truyère

Altes Städtchen in einem fruchtbaren Becken an der Mündung der Truyère in den Lot; der im 12. Jh. gegründete Ort besitzt noch heute viele Zeugnisse seiner mittelalterlichen Vergangenheit. Reste der alten Stadtmauer aus dem 12. Jh.; Schloß aus dem Jahre 1290, 1604 zerstört und 1654 im ursprünglichen Baustil wieder errichtet. Zwei Brücken aus dem 13. Jh., eine über den Lot, eine über die Truyère. Schöne alte Häuser, teilweise noch aus gotischer Zeit, in den malerischen Gassen der Altstadt.

Conques

Bereits der *Codex Calixtinus* empfahl den Jakobspilgern, den Weg über Conques zu nehmen und hier im Kloster Sainte-Foy Station zu machen. Die Einsiedelei über den steilen Hängen der Ouche war, nachdem sie im 9. Jh. auf recht außergewöhnliche Weise die Reliquien der Heiligen Fides in ihren Besitz gebracht hatte, durch ihre Wunder berühmt geworden. Die im 11./12. Jh. erbaute romanische Kirche entspricht in ihrer Architektur der Kathedrale von Santiago de Compostela. Vom früheren Kreuzgang (sein Grundriss wird durch Steinplatten gekennzeichnet) sind leider nur wenige Arkaden erhalten.

Das Museum von Conques beherbergt den größten Kirchenschatz des französischen Mittelalters, darunter Arbeiten aus der Zeit der Karolinger bis zum 14. Jahrhundert.

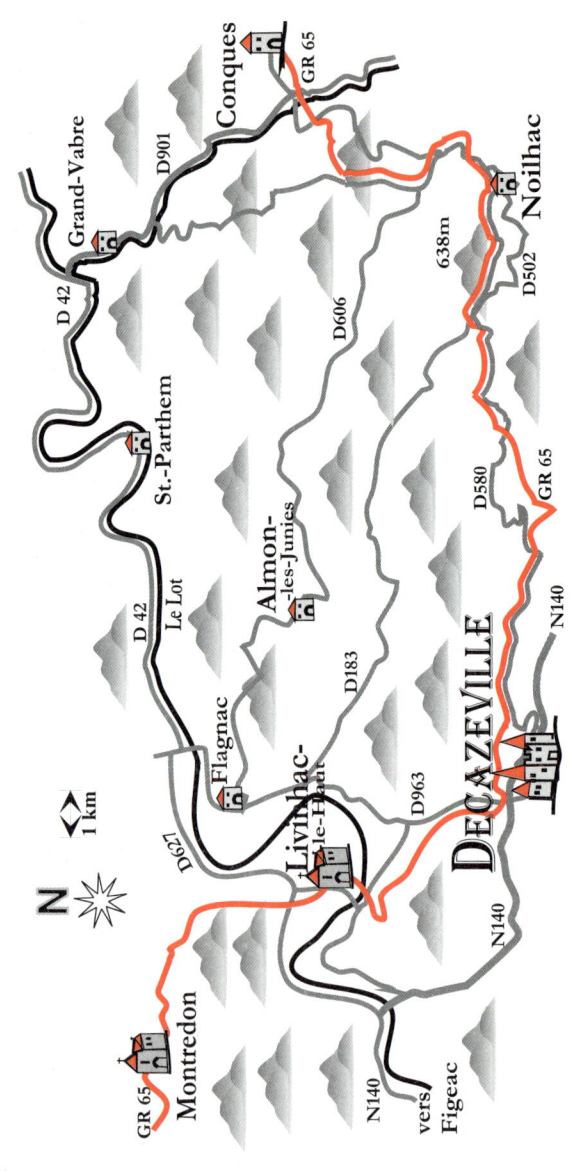

Conques

GR 65

Grand-Vabre

D901

Noilhac

638m

D502

St.-Parthem

D 42

D606

D580

GR 65

Almon-les-Junies

D 42

Le Lot

D183

N140

Flagnac

DECAZEVILLE

N

1 km

Livinhac-le-Haut

D963

D627

N140

Montredon

GR 65

N140

vers Figeac

Schon die Pilger des Mittelalters überquerten den Dourdou auf der Pont Romain.

GR 65 vorbei an Noilhac (Hotel/Restaurant; Gîte d'étape) über den Aussichtsberg Pargadou, ein Stück weit parallel zur D 580 Richtung

12300 Decazeville
Tourist Information;
Hotel/Restaurant;
Camping

bekannt aufgrund der reichen Kohlevorkommen, die hier im Tagebau abgebaut werden.

GR 65 hinunter ins Tal des Lot nach

Livinhac le Haut
Tourist Information;
Hotel, Gîte d'étape;
Camping;

Landstraße Richtung Figeac über

Montredon

noch Conques

Über dem Westportal der Abteikirche befindet sich ein Tympanon aus dem Jahre 1140 mit einer Darstellung des »Jüngsten Gerichts«; es ist eines der eindrucksvollsten und besterhaltenen Tympana der Romanik in Frankreich. Im Zentrum thront Christus in der Mandorla, mit der linken Hand auf die Verdammten deutend, die in der Hölle leiden, mit der rechten die Auserwählten segnend, über deren Häuptern vier Engel schweben. Rechts von Christus Maria und Petrus und eine Gruppe von Äbten und Gönnern des Klosters, darunter Karl der Große. Links unten die hl. Fides, sich vor dem segnenden Christus niederwerfend. Daneben, in der Mitte, der Hl. Michael, die Seelen abwiegend, sowie der Teufel, der die Waage zu seinen Gunsten zu beeinflussen sucht.

Grotte Pech-Merle im Celé-Tal

In der Grotte du Pech Merle bei Cabrerets befindet sich das »Musée de la Préhistoire Amédée Lemozi«, das einen hervorragenden Überblick über die prähistorische Zeit des Quercy gibt. Knochenfunde, Waffen, Werkzeuge, artifizielle und Gebrauchsgegenstände des Menschen der Urzeit, von 160 verschiedenen Fundorten zusammengetragen, sind hier ausgestellt. Diese Stücke sind Zeugnisse der gesamten Entwicklungsperiode vom frühen Paläolithikum bis hin in die Eisenzeit. Daneben geben Fotoausstellungen einen Überblick über verschiedene Höhlensysteme des Quercy, vor allem über Pech-Merle und die Höhle von Cougnac. Auch die Malereien, Tier- und Menschendarstellungen können besichtigt werden; sie sind im Verlauf langer Zeiträume entstanden, in denen die Höhlen wahrscheinlich kultischen Zwecken, dem Jagdzauber und ritueller Beschwörung dienten. Übermalungen älterer Bilder und die dargestellten Tiere (Wildpferde, Hirsche, Urrinder, während das Mammut fehlt und nur wenige Bisons erscheinen) sind Hinweise auf ihre Entstehung in der letzten Kulturstufe der Eiszeit.

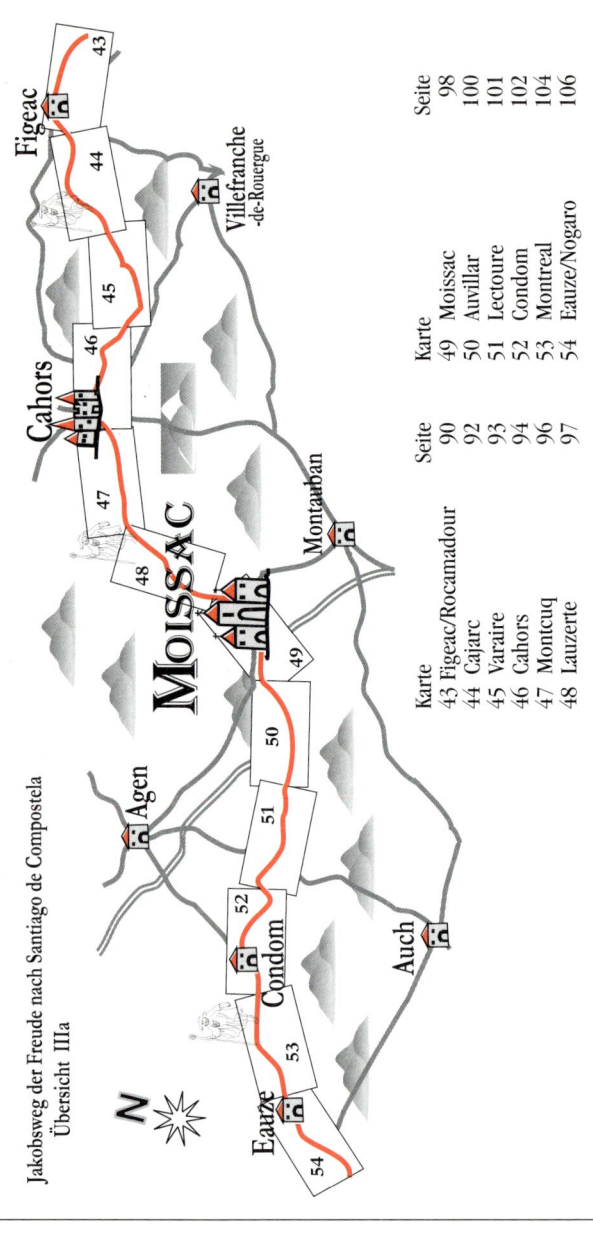

Jakobsweg der Freude nach Santiago de Compostela
Übersicht IIIa

N

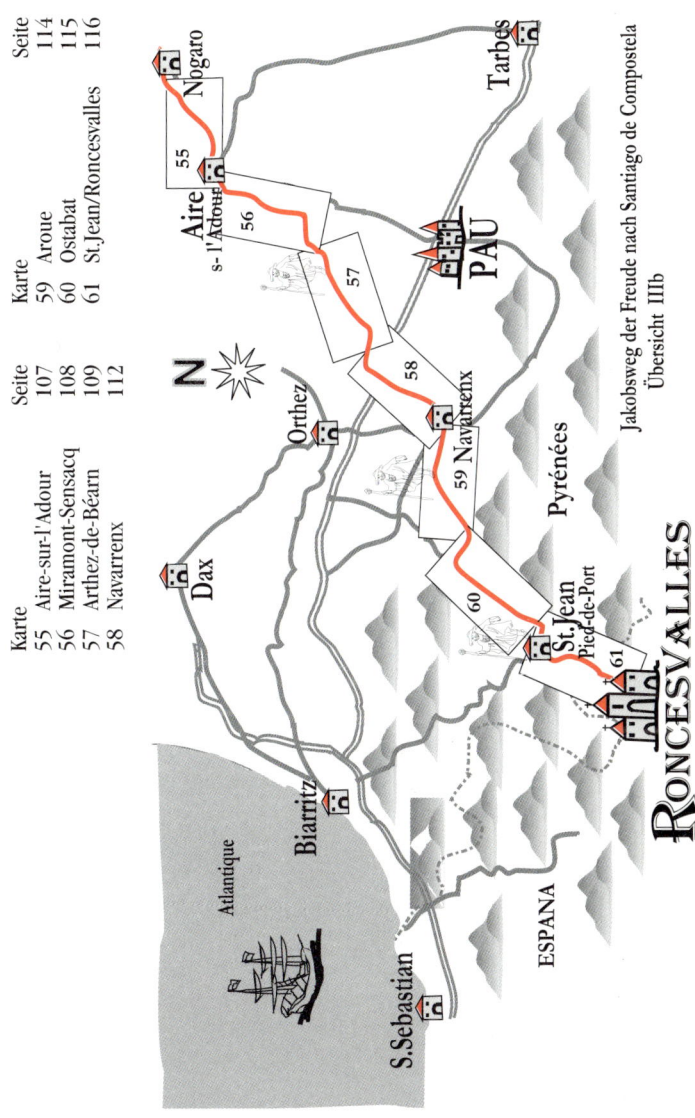

Jakobsweg der Freude nach Santiago de Compostela
Übersicht IIIb

Tarbes

PAU

Aire
s-l'Adour

Nogaro

Orthez

Dax

Navarrenx

Pyrénées

St.Jean
Pied-de-Port

RONCESVALLES

Biarritz

Atlantique

S.Sebastian

ESPANA

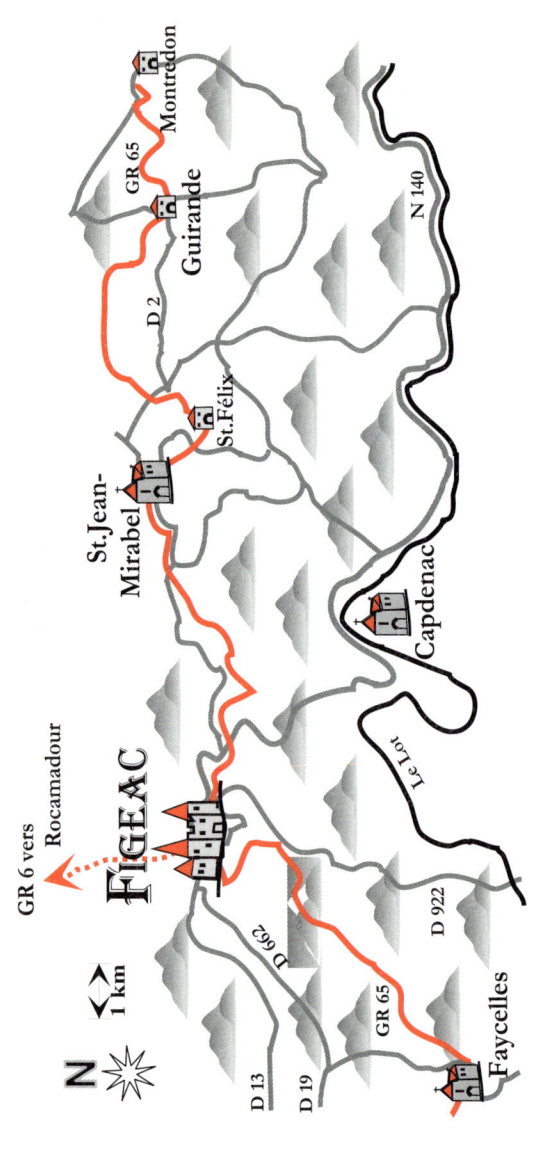

Montredon

GR 65

Guirande

D 2

N 140

St.Félix

St.Jean-
Mirabel

Capdenac

Le Lot

GR 6 vers
Rocamadour

FIGEAC

D 662

D 922

GR 65

Faycelles

D 13

D 19

N

1 km

Auf dem GR 65 durch die Gartenlandschaft von Montredon und Guirande; südl. von St. Jean-Mirabel liegt auf einem Bergsporn über dem Lot-Tal Capdenac, mittelalterliches Dorf mit Befestigungsanlagen und den Ruinen einer alten Burg; Logis de France

46100 Figeac
Tourist Information;
Bahnanschluß;
Hotel/Restaurant;
Logis de France;
Camping

Viele Jakobspilger zogen von Figeac erst einmal nach Norden, zum Marienheiligtum nach **Rocamadour** (Tourist Information Pilgerbüro; Hotel/Restaurant).

Die heutigen Wanderwege machen den Abstecher leicht: auf dem GR 6 hin und dann via GR 46 Richtung Cahors (Grotte Pech Merle/Cabrerets siehe Seite 87), wo Sie wieder auf den GR 65 kommen.

Für Wanderer, die auf dem GR 65 bleiben: in Faycelles gibt es ein Restaurant.

Mittelalterliche, liebevoll restaurierte Stadt an der Célé; folgen Sie bei Ihrem Rundgang durch die Stadt dem »Schlüssel«-Wegweiser, ausgehend vom Hôtel de la Monnaie, ursprünglich »l'oustal dé lo Mounédo«, wie eine Inschrift auf der ehem. königlichen Münze bereits im 12. Jh. bekundete. Heute beherbergt es neben der Tourist-Information das Musee Vieux Figeac mit Ausstellungsstücken aus gallorömischer Zeit sowie aus der Zeit der Romanik, Gotik und Renaissance, Zeugnisse der Geschichte der Stadt und ihrer näheren Umgebung. Abteikirche Saint Sauveur, im 11. Jh. begonnen, mit angebautem, sehenswerten Kapitelsaal Notre Dame. Im Geburtshaus des berühmten Ägyptologen Champollion (1790) ist ein Museum eingerichtet worden, das seinem Wirken im Zusammenhang mit der Entzifferung der Hieroglyphen gewidmet ist.

Rocamadour

Dem Wanderer bietet sich ein eindrucksvolles Bild: über einer 140 Meter tiefen Schlucht erheben sich in der steil abfallenden Felswand Wohnstätten und kirchliche Bauwerke (insgesamt 7 Kirchen und Kapellen), überragt von einem Schloß. Nach einer Legende hatte sich ein Eremit namens Amadour hier angesiedelt; das Wort »Rocamadour« würde sich demnach vom Namen des Eremiten ableiten: Rocamadour - der Fels (Roc) Amadours. Im 11. Jh. kamen Benediktinermönche aus der Abtei von Tulle nach Rocamadour und übernahmen die kleine Marien-Kapelle.

Rocamadour wurde zum Ziel vieler Wallfahrten; die der Muttergottes zugeschriebenen Wunder, der Fund der unversehrten Leiche des sogenannten Amadour, die Lage des Ortes in der Nähe des Pilgerwegs nach Compostela trugen zum Ruf Rocamadours bei. Päpste und Könige räumten Vorrechte ein; aus der ganzen christlichen Welt kamen berühmte Pilger: König Heinrich XI. von England, der heilige Bernhard, der heilige Dominikus, Blanca von Kastilien, König Ludwig XI., etc. Bei der Zurückeroberung Spaniens stellten sich Kreuzritter unter die Standarte der Heiligen Jungfrau von Rocamadour. Seeleute vertrauten sich Unserer Lieben Frau von Rocamadour an, um vor Gefahren beschützt oder aus Gefahren gerettet zu werden; das erklärt die Votivgaben in Form von Schiffen. Von den ehemaligen Befestigungsanlagen sind 8 Stadttore und die Mauer am Schloss erhalten geblieben. 1317 verließen die Mönche Rocamadour. (Bild Seite 82 o.l.)

Von Faycelles auf dem
GR 65 nach

46100 Béduer
Hotel/Restaurant;
Gîte d'étape; Camping

Gréalou
Hotel/Restaurant

etwa 2 km weiter auf
dem GR 65 liegt rechts
vom Weg der Dolmen
von Pech Laglayre.

Der Wanderweg führt
an der »Cascade de la
Cogne« vorbei hinunter
ins Tal des Lot nach

46160 Cajarc
Tourist Information;
Hotel/Restaurant;
Gîte d'étape; Logis de
France; Camping

Von Felsen umrahmte
alte Stadt am Lot;
Reste einer Burganlage
aus dem 13. Jh.

GR 65 / D 19 über die
Lotbrücke nach Gaillac
und von dort über den
Berg nach

Mas de Couderc

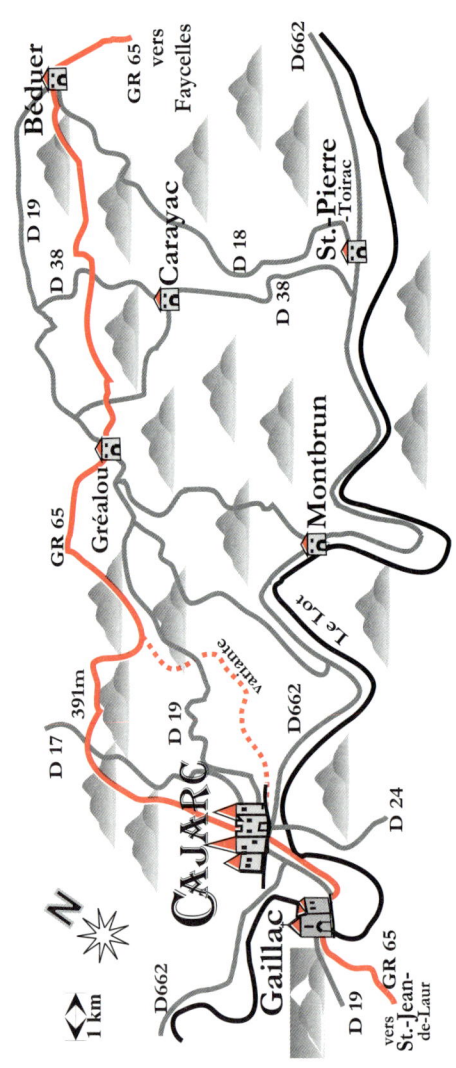

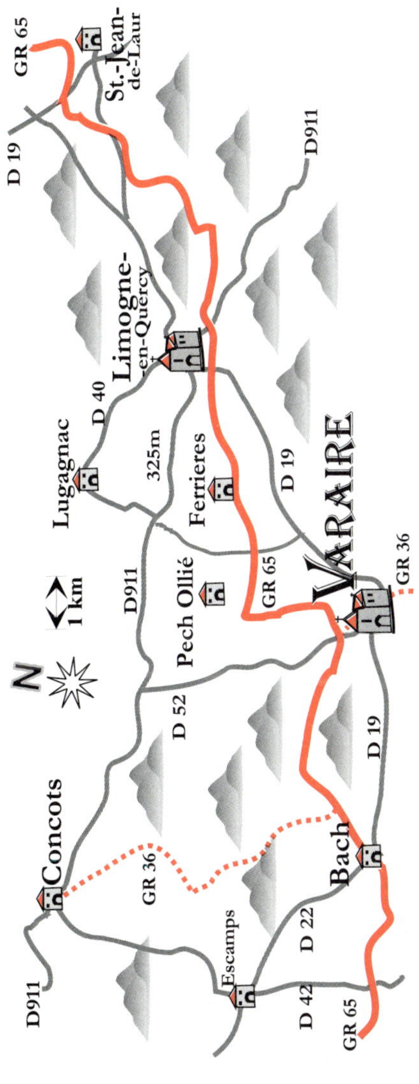

GR 65

St.-Jean-
de-Laur

D 19

D911

Limogne-
en-Quercy

D 40

Lugagnac

325m

Ferrieres

D 19

VARAIRE

GR 36

Pech Ollié

GR 65

D911

N

1 km

D 52

D 19

Concots

GR 36

Bach

Escamps

D 22

D911

D 42

GR 65

GR 65 kreuzt die D 79 in Mas del Pech, nordwestlich von St. Jean-de-Laur; durch die Wälder der Causse de Limogne über Bories nach

46260 Limogne-en-Quercy
Hotel/Restaurant; Camping

Der Wanderweg führt weiter in südwestlicher Richtung nach Ferrieres (Dolmen); Abzweigung nach **Pech Ollié**, mitten im Wald gelegen und seit 1561 eine traditionelle Herberge für Jakobspilger auf dem Le-Puy-Weg (Gîte d'étape).

Auf dem GR 65 weiter nach

46260 Varaire
Hotel/Restaurant

Von Varaire bis kurz vor Bach begleitet uns der GR 36

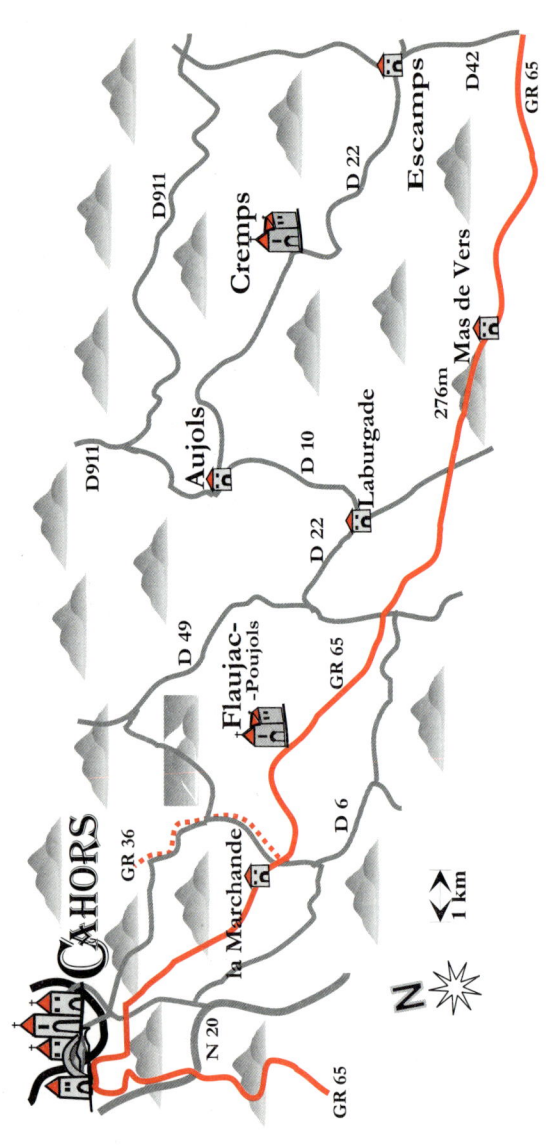

GR 65 nördlich von Vaylats durch die Waldgebiete der Causse de Limogne nach

Mas de Vers

Cahors geht zurück auf das alte *Divina Carducorum* an der Fontaine des Chartreux, einer Quelle am gegenüberliegenden Ufer des Lot. Die Gallier und später auch die Römer verehrten die Quelle und huldigten ihr mit einem göttlichen Kult. Unter den Römern wurde die Stadt ausgebaut und erweitert; es entstanden Theater, Tempel, Thermen und Befestigungsanlagen. Das Wahrzeichen der Stadt ist die Pont Valentré, eines der großartigsten Beispiele militärischer Baukunst des Mittelalters in Frankreich. Mit ihren drei 40 m hohen, mit Pechnasen und Schießscharten versehenen Türmen, den sieben Spitzbögen mit den jeweils auf den Brückenpfeilern liegenden Verteidigungsplattformen, stellt sie ein mächtiges militärisches Bollwerk von eleganter Schönheit dar. 1308 begonnen, dauerte ihre Fertigstellung mehr als ein halbes Jahrhundert, wobei nach der Überlieferung der Teufel eine bedeutende Rolle gespielt haben soll. Verzweifelt über das langsame Vorankommen der Bauarbeiten, schloß der Baumeister einen Pakt mit dem Teufel, der sich verpflichtete, alles notwendige Material für den Brückenbau heranzuschaffen und alle Anweisungen des Baumeisters ordnungsgemäß auszuführen - dafür verschreibt der Baumeister ihm seine Seele. In kurzer Zeit ist die Brücke fertiggestellt. Der Baumeister aber, in seiner Angst vor den ewigen Höllenqualen, fordert nun vom Teufel, ihm in einem Sieb Wasser zu holen. Nach mehreren vergeblichen Versuchen gibt er auf und, um sich zu rächen, schlägt er eine Ecke des mittleren Brückenpfeilers ab. So oft der Baumeister versucht, den Stein an seinen Platz zurückzusetzen, er fällt immer wieder heraus. Erst bei der Restaurierung der Brücke im letzten Jahrhundert konnte der Stein endgültig befestigt werden. In eine Ecke des Steins hinein gehauen ist das Bild eines kleinen Teufels, der große Anstrengungen unternimmt, den Stein wieder zu beseitigen.

Cathedrale Saint-Etienne, ein großartiger Kuppelbau, begonnen gegen Ende des 11. Jh.; Anfang des 14. Jh. erhielt die Kirche ihre vom byzantinischen Baustil beeinflußte Fassade. Das Nordportal, im 12. Jh. im romanischen Stil errichtet, ist im Tympanon mit einer um 1135 im Stil der Languedoc-Schule entstandenen Darstellung der Himmelfahrt Christi geschmückt. Die Altstadt läßt sich mit all ihren Sehenswürdigkeiten gut durch einen Rundgang erschließen.

Etappenziel
Laburgade
Gîte d'étape

Weiter über Flaujac-Poujols und hinunter ins Tal des Lot nach

46000 Cahors
Office du Tourisme;
Bahnanschluß;
Hotel/Restaurant;
Camping

GR 65 oberhalb der Pont Valentré (Bild Seite 81 u.) Richtung Süden, über die N 20 nach

la Rozière

Labastide-Marnhac
Ferme Auberge

Der Wanderweg folgt
dem Höhenrücken
nach

Lascabanes
Hotel/Restaurant

Wieder hinauf auf die
Höhe von les Gravedies
und entlang der D 4
nach

46800 Montcuq
Tourist Information;
Hotel/Restaurant;
Gîte d'étape; Camping

Altes Städtchen an der
Barguelonnette, der
kleinen Barguelonne.
Das frühere Wehrdorf war
ehemals Hauptstadt des
Quercy Blanc, so genannt
nach dem weißen Kalk-
stein des Untergrunds.

5 km nördlich der Stadt
liegt die Grotte Roland;
ein ausgetrocknetes,
unterirdisches Flußbett
führt in mehrere kleine
Säle mit bizarren
Versteinerungen.

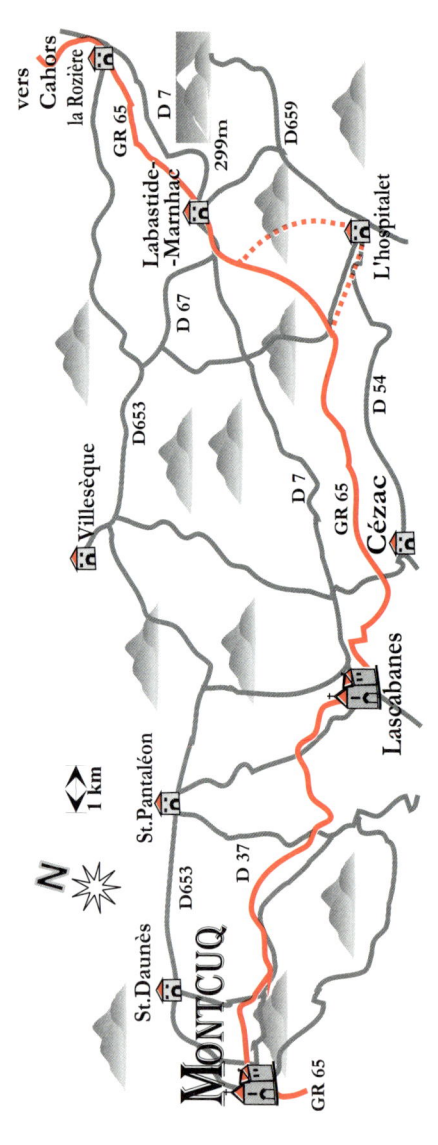

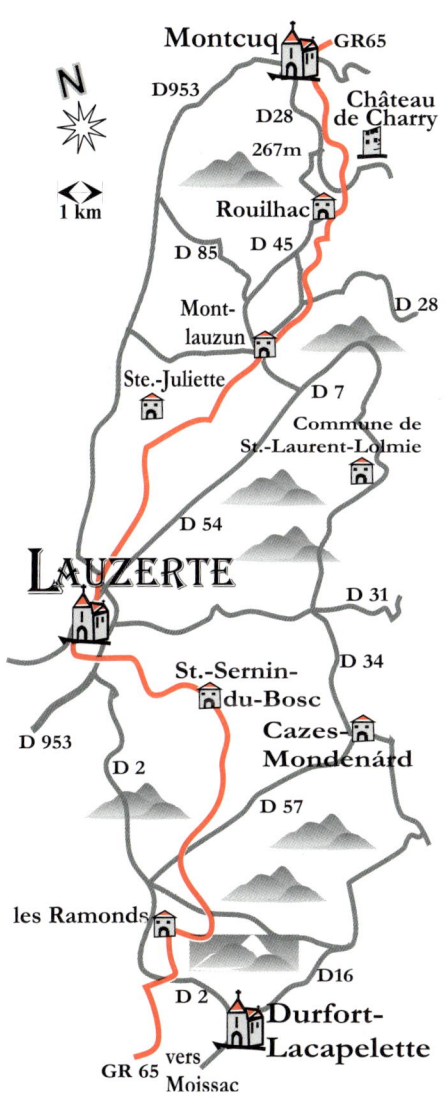

Montcuq GR65

D953

Château de Charry

D28

267m

Rouilhac

D 85   D 45

Mont-lauzun

D 28

Ste.-Juliette

D 7

Commune de St.-Laurent-Lolmie

D 54

LAUZERTE

D 31

St.-Sernin-du-Bosc

D 34

Cazes-Mondenárd

D 953

D 2

D 57

les Ramonds

D16

D 2   **Durfort-Lacapelette**

GR 65   vers Moissac

N   1 km

Der GR 65 folgt am Ortsausgang von Montcuq der D 28 Richtung Süden, über Rouilhac nach Montlauzun. Der Wanderweg führt über die Höhe von Raussou hinunter nach

82110 Lauzerte
Tourist Information;
Hotel/Restaurant;
Gîte d'étape; Camping

Mittelalterliches Wehrdorf mit pittoresken Fachwerkhäusern; schöner Ausblick vom Barbacane

GR 65 durch das Tal von St. Symphorien auf die Höhe nach St. Sernin-du-Bosc ; Kapelle Saint-Sernin. Etappenziel westl. von hier in

Cazes-Mondenard
Hotel/Restaurant
Camping

Durch das Tal der Barguelonne nach St.Martin de Durfort; übernachten in

Durfort-Lacapelette
Hotel/Restaurant

Etappenziel im Tal der Barguelonne: Montesquieu (Gîte d'étape; Ferme Auberge)

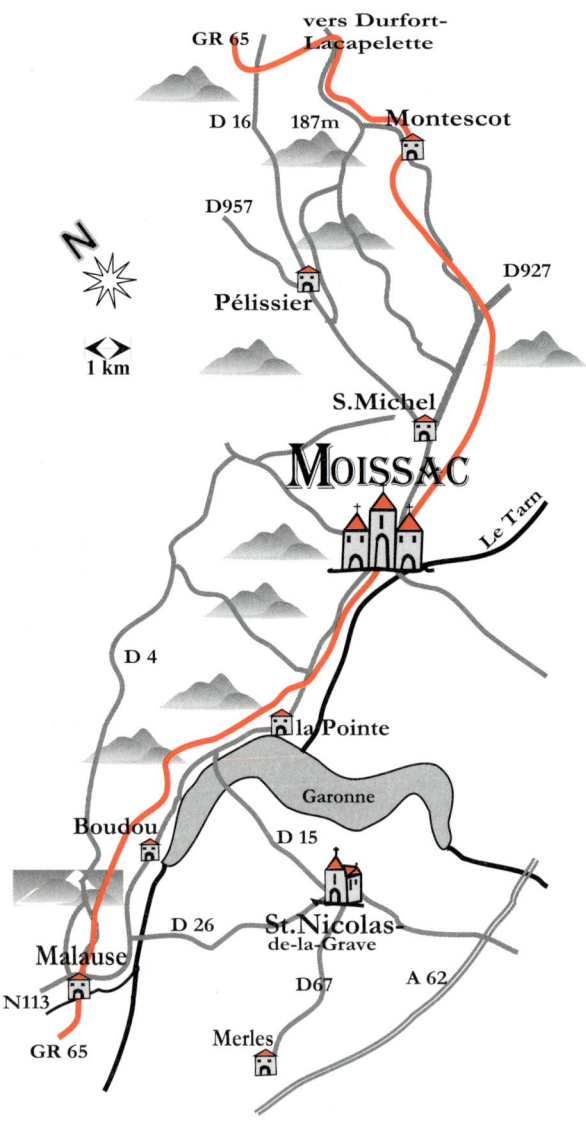

GR 65 über die Höhen
und hinunter ins Tal
des Tarn nach

82200 Moissac
Office de Tourisme,
Pl. Durand de Bredon;
Bahnanschluß;
Hotel/Restaurant;
Gîte d'étape; Camping

Der Wanderweg führt
von Moissac den Tarn
entlang an das nördliche
Ufer des Lac du Confluent,
einem 400 ha großen See
am Zusammenfluß von
Tarn und Garonne.

Bei Boudou, etwas nord-
westlich des Sees, ein
sehr schöner Aussichts-
punkt über die Täler der
beiden Flüsse;
Orientierungstafel.

Boudou
Auberge Garonne

GR 65 oberhalb des Tarn
nach

Malause
Bahnanschluß
Hotel/Restaurant;
dort über die Kanal-
brücke Richtung

Espalais

In grüner Uferlandschaft am Tarn gelegene Stadt, berühmt wegen ihrer Abtei Eglise Saint-Pierre, eines der schönsten romanischen Baudenkmäler Frankreichs, ursprünglich aus dem 12. Jh., doch lediglich der Glockenturm ist noch aus der damaligen Zeit erhalten. Von außen sind die beiden Bauperioden der Kirche gut zu erkennen: der aus Stein erbaute untere Teil sowie die Bogenfenster sind romanisch, der Rest, im 15. Jh. erbaut, gotisch. Das Portal, zwischen 1100 und 1130 ausgeführt, ist eines der bedeutendsten Werke romanischer Bildhauerkunst. Der Portalvorbau (Bild Seite 83 o.r.)

aus Pyrenäen-Marmor zeigt rechts und links Szenen aus dem Alten und Neuen Testament, des Jüngsten Gerichts sowie die Statuen des Abtes Roger und eines Benediktinermönchs. Im Innern ist die ursprüngliche Ausstattung des Kirchenschiffs noch teilweise erhalten.

Man verläßt die Kirche und geht um den Glockenturm herum zum Kreuzgang, Ende des 11. Jh. fertiggestellt und nach seiner Zerstörung im Jahre 1212 durch Simon de Montfort im 13. Jh. in seiner ursprünglichen Gestaltung wiedererbaut. Die vier Galerien des Kreuzgangs mit insgesamt 76 Arkadenbögen bilden ein Rechteck von annähernd gleicher Seitenlänge. Die Kapitelle aller 76 Säulen weisen jeweils unterschiedliche Dekorationen auf: u. a. Tierdarstellungen, Blumendekorationen, Szenen aus dem Alten und Neuen Testament sowie Heiligenfiguren. In den Kapellen des Kreuzgangs das Moissac-Museum; Dokumentation und Tonbildschau zur Geschichte des Klosters, Sammlungen sakraler Gegenstände sowie heimatkundliche Sammlungen, u. a. Trachten, Möbel, und Keramiken.

In der Altstadt mehrere mittelalterliche Straßenzüge mit einigen Gebäuden, deren Ursprünge bis ins 12. Jh. zurückreichen. Schöne Fachwerkfassaden u. a. in der Rue Toumeuve, der Rue Derua, der Rue Guileran und der Rue Caillavet.

GR 65 über Espalais nach

82340 Auvillar
Hotel/Restaurant;
Gîte d'étape

Malerisch an der Garonne gelegene Kleinstadt mit einer schönen Markthalle und einem Fayencen-Museum. Südöstlich von Auvillar St. Michel (Ferme Auberge).

GR 65 über Bardigues nach

Saint Antoine

Alter befestigter Ort und Tor der Jakobspilger zur Gascogne. Hinter dem Torturm liegt linker Hand die mittelalterliche Kirche Saint Antoine mit einem schönem mozarabischen Portal aus dem 12. Jh.

GR 65 nach

Flamarens
Ferme Camping in Miradoux

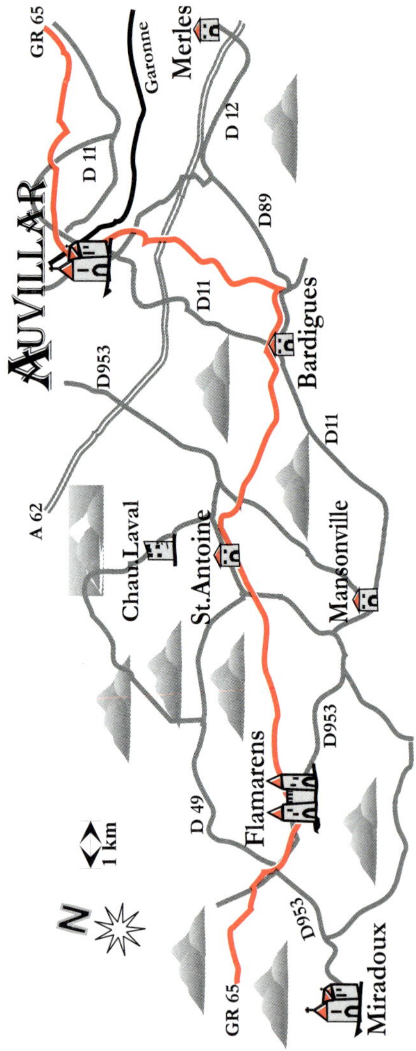

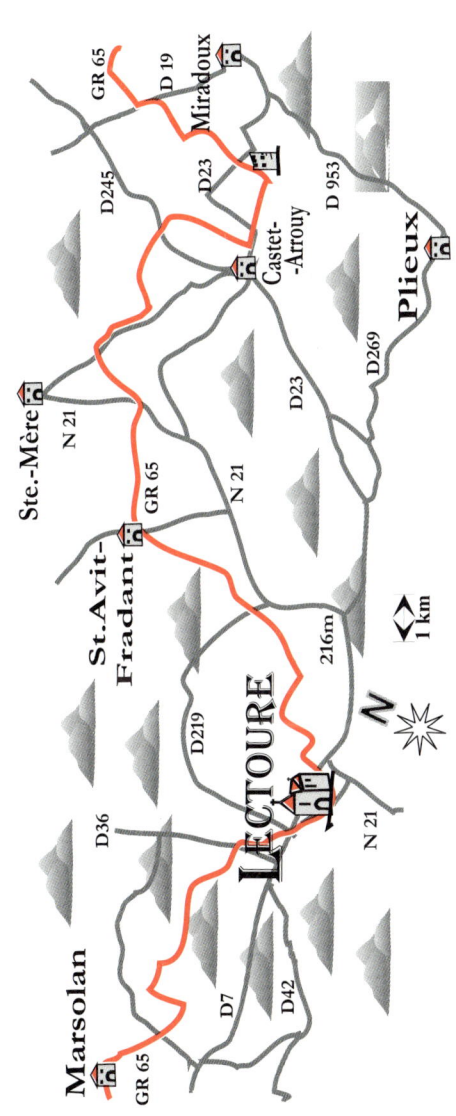

Der GR 65 führt nördlich von Castet-Arrouy über St. Avit-Fradant (Chateau de Lacassagne, 17. Jh., mit Großem Ratssaal der Malteserritter) nach

32700 Lectoure
Tourist Information;
Hotel/Restaurant;
Gîte d'étape;
Ferme Camping

Befestigter Ort mit gotischer Kathedrale aus dem 13. Jh., Bischofs-palais aus dem 17. Jh., heute Rathaus. Museum mit gallo-römischen Ausgrabungsstücken und sakraler Kunst des 3./4. Jh. (Stieropfer); ca. 10 km südlich

Fleurance
mittelalterlicher Ort im Tal des Gers; schöne Laubengänge um den Marktplatz und gotische Kirche aus dem 14. Jh.; ca. 11 km östlich

Chateau Gramont
Schloß aus dem 13. Jh., im Renaissance-Stil erneuert, mit schöner Gartenanlage.

Der GR 65 verläuft in westlicher Richtung (D 7) nach

Marsolan

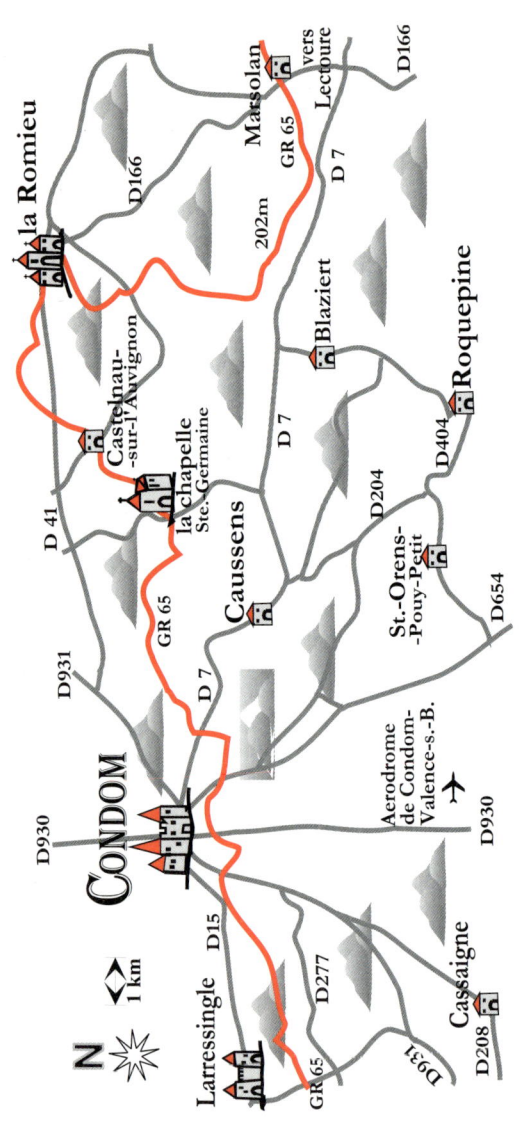

N
1 km

la Romieu

D166

Marsolan
vers Lectoure
GR 65
D 7

D166

202m

Castelnau-
-sur-l'Auvignon

Blaziert

Roquepine

la chapelle
Ste-Germaine

D 7

D41

GR 65

D204

D404

St-Orens-
-Pouy-Petit

Caussens

D 7

D931

D654

CONDOM

Aerodrome
de Condom-
Valence-s.-B.

D930

D930

Larressingle

D15

D277

GR 65

D931

Cassaigne

D208

Erster Ort auf der nächsten Etappe des GR 65 ist

Marsolan
auch hier befand sich im Mittelalter ein »Hospital St.Jacques«; weiter nach

32480 La Romieu
Hotel/Restaurant;
Gîte d'étape;
Ferme Camping

Castelnau-sur-l'Auvignon
(Ferme Auberge)

32100 Condom
Syndicat d'Initiative,
Pl. Bossuet; Bahnstation;
Hotel/Restaurant;
Gîte d'étape;
Ferme Auberge / Ferme Camping

Der GR 65 folgt der Landstraße Richtung

Larressingle

La Romieu

am mittelalterlichen Pilgerweg nach Santiago de Compostela gelegen. Alte Festungsanlagen sowie schönes Ensemble von Tour du Cardinal (Reste des Bischofspalais) und Stiftskirche Collégiale Saint-Pierre aus dem 13. Jh. Der achteckige Ostturm (Tour Est) gilt als einer der schönsten Türme der Gascogne; Besichtigung der übereinander liegenden Räume mit Eingang durch den stimmungsvollen gotischen Kreuzgang zur Sakristei.

Condom

inmitten des Armagnac und im Herzen der Gascogne gelegen. Die Stadt wurde bereits im 11. Jh. gegründet und ist nicht nur aufgrund ihres hervorragenden Weinbrands Armagnac bekannt, sondern auch wegen ihrer Cathedrale Saint-Pierre, 1507-1531 neu erbaut. Man betritt die Kirche durch das im spätgotischen Flamboyant-Stil gestaltete Portal. Im Innern besticht vor allem die für die Languedoc-Kirchen ungewohnte Helligkeit des Kirchenschiffs; Kapelle aus dem 14. Jh. Im Norden der Kathedrale der im 16. Jh. errichtete Kreuzgang mit Doppelgalerien, die ebenfalls eine Auflösung der gotischen Bauweise charakterisieren. In den ehemaligen bischöflichen Pferdeställen ist das Musée de l'Armagnac mit Sammlungen zur Geschichte und dem Leben im Armagnac untergebracht. Schöne alte Häuser aus dem 17. und 18. Jh., im Stadtzentrum Gebäudeensemble aus dem 16. Jh.

Valence-sur-Baïse

Etwa 7 km südlich über die D 930 zur Abbaye de Flaran, einem der schönsten Zisterzienserklöster Südfrankreichs mit ständiger Ausstellung zur Jakobus-Wallfahrt, und 1 km weiter nach Valence-sur-Baïse, einem alten Wehrdorf aus dem 13. Jh. mit einer Kirche aus dem 14. Jh. und mehreren Schlössern in der näheren Umgebung.

Cassaigne

6 km südwestlich liegt das Schloß aus der ersten Hälfte des 16. Jh., ein ehem. Landsitz der Bischöfe von Condom. Im Innern vollständig erhaltene Küche aus der damaligen Zeit sowie ein »Chai de vieillissement«, ein Spirituosenlager, Anfang des 19. Jh. angelegt, an dessen Flaschen entlang man die Geschichte des Armagnac nachvollziehen kann.

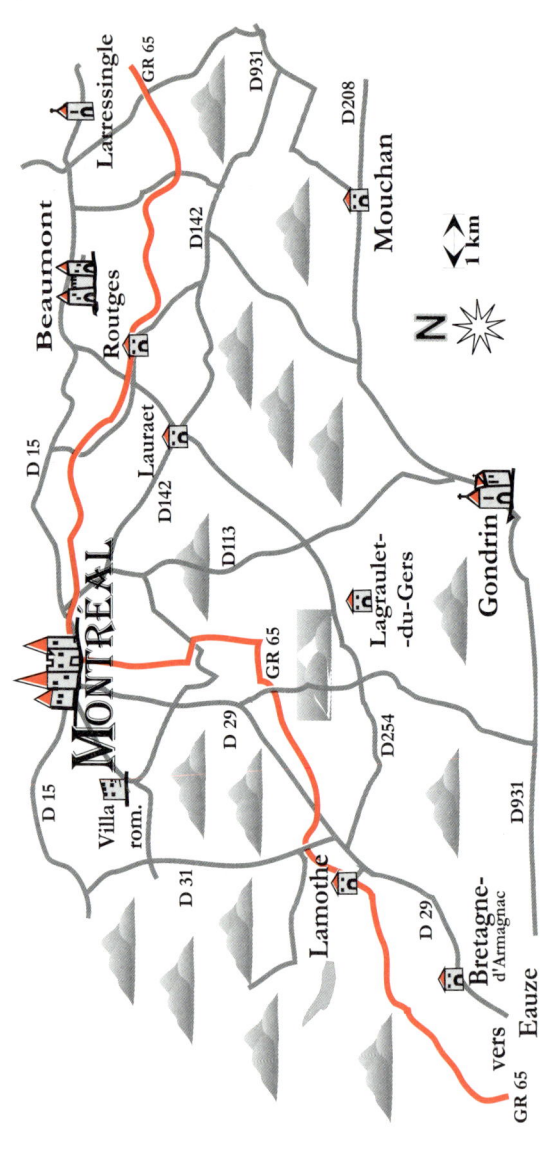

Larressingle

GR 65

D931

D208

Mouchan

Beaumont

Routges

D142

N

1 km

D 15

Lauraet

D142

D113

MONTREAL

Lagraulet-
-du-Gers

Gondrin

GR 65

D 29

D254

D 15

Villa
rom.

D931

D 31

Lamothe

GR 65

D 29

Bretagne-
d'Armagnac

vers Eauze

GR 65

GR 65 Richtung Westen entlang der D 15; lohnenswerte Abstecher nach

Laressingle
Hotel/Restaurant

und über die D931 Richtung Süden nach

Mouchan
schöne romanische Kirche mit gekreuztem Spitzbogengewölbe, einem der ältesten im Midi. Der Jakobsweg führt von Larressingle den Hang hinunter und über die eigens für die Pilger im 13. Jh. erbaute Pont d'Artigues nach

32250 Montreal
Tourist Information; Hotel/Restaurant; Gîte d'étape; Camping

Altes Wehrdorf (Bastide von 1256) mit z.T. erhalten gebliebener Befestigungsanlage, gotischer Wehrkirche und zentralem Platz mit schönen Arkadengängen.

GR 65 in südlicher Richtung ins Auzoue-Tal. Übernachten in Lagraulet-du-Gers (Ferme Auberge), etwas weiter südlich in Gondrin (Ferme Auberge), und Bretagne-d'Armagnac (Ferme-Camping)

Laressingle

Die kleine mittelalterliche Festungsstadt bietet ein Bild aus längst vergangenen Tagen: die Straße in den Ortskern aus dem 13. Jh., der ringsum von einer Stadtmauer umgeben ist, führt über eine den Burggraben überspannende alte Brücke und durch ein befestigtes Tor. Im Ort ein Donjon, eine romanische Wehrkirche, die Sigismund, dem König der Burgunden, geweiht war, sowie mehrere restaurierte Häuser.

Villa de Séviac

2 km südöstlich liegt die von Archäologen ausgegrabene Villa Seviac aus dem 4. Jh. mit interessanten gallo-römischen Anlagen, Fundamenten eines frühchristlichen Bauwerks sowie Überresten aus merowingischer Zeit. Zu sehen sind durch Hypokausten beheizbare Thermen sowie Bäder mit wunderbar erhaltenen, farbigen Mosaiken.

Der Armagnac ist…

…das wohl bekannteste Erzeugnis des Départements Gers. Das gleichnamige ca. 35.000 Hektar Rebfläche umfassende Anbaugebiet liegt südlich und westlich von Condom, und teilt sich auf in »Bas-Armagnac«, aus dem die besten Armagnacs kommen, so etwa aus der Gegend um Castex, Montclar und Monlezun ca. 40 bis 50 km westlich von Condom, das östlich anschließende »Ténazère« um Eauze und Montréal sowie Haut Armagnac um Condom und Vic-Fézensac. Die bedeutendste Rebsorte im Armagnac ist die »Folle Blanche«, die von den Einheimischen »Piquepoul« genannt wird und einen harten, säurereichen Wein liefert, der sich hervorragend zur Branntweindestillation eignet. Nach einem im Gegensatz zum Cognac kontinuierlichen Brennprozeß erhält der Armagnac sein delikates Bouquet, und seine dunkle bernsteinfarbene bis goldene Färbung durch eine mehrjährige Lagerung in speziellen schwarzen Eichenfässern (meist zwischen 4 bis 10 Jahren).

Der GR 65 verläuft
östlich des Camping-
Platzes und stößt
kurz vor Eauze
auf die D 931

32800 Eauze
Tourist Information;
Hotel/Restaurant;
Gîte d'étape; Camping

Backsteinkirche
St. Luperc, um 1500 im
gotischen Stil erbaut;
rings um den Markt-
platz alte Häuser
aus dem 15. Jh.

Der GR 65 verläßt Eauze
Richtung Süd-West
(D931) und führt an
Guillemat und Sauboires
(Gîte d'étape) vorbei
nach Manciet (Restau-
rant). Durch die schöne
Landschaft des Armagnac
nach

32110 Nogaro
Hotel/Restaurant;
Gîte d'étape

Kleine Stadt mit den
Resten eines romanischen
Klosters aus dem 12. Jh.
Ferme-Camping in
Cravencères (6 km)

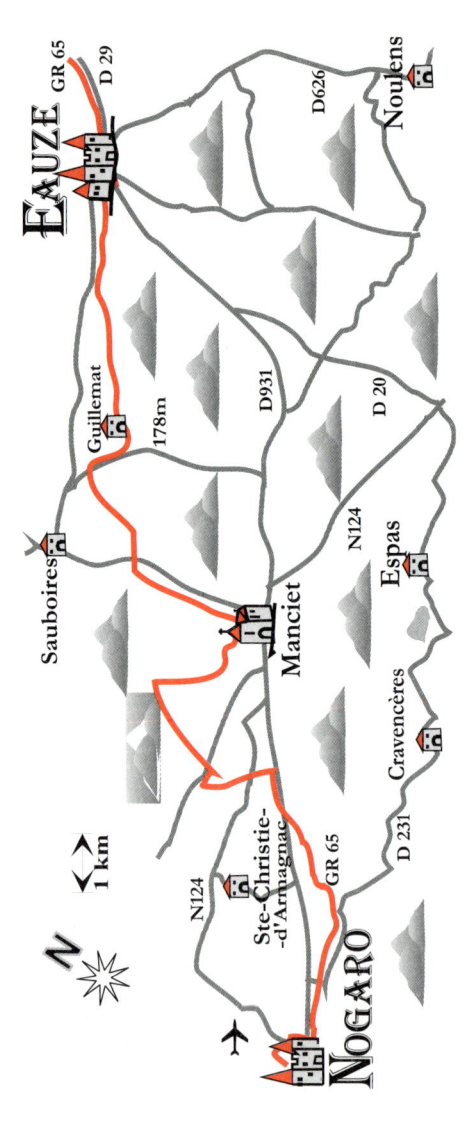

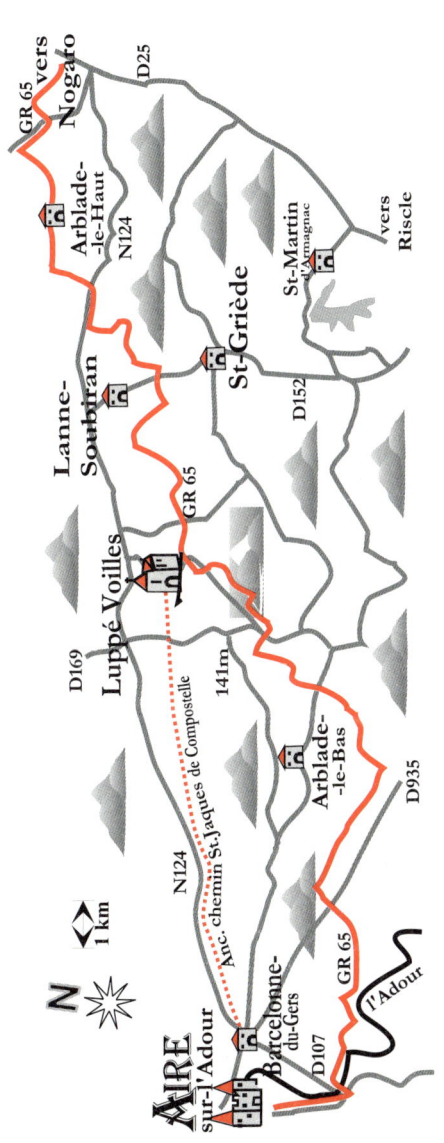

Der GR 65 verläuft nördlich von Nogaro; folgen Sie der D 143 nach la Tannerie und etwas später stoßen Sie auf den Wanderweg Richtung Arblade-le-Haut.

Nach dem Überqueren der N 124 folgt der GR 65 ein Stück weit dem historischen Pilgerweg nach Luppé-Voilles (alte Kirche und Hospital St. Jacques).

Jetzt wendet sich der Weg Richtung Süd-West und stößt hinter Manet (Arblade-le-Bas) auf die Bahnlinie. Der GR 65 umgeht Barcelonne-du-Gers (Hotel/Restaurant) großräumig und auch Aire-sur-l'Adour kann nur auf direktem Weg erreicht werden.

40800 Aire-sur-l'Adour
Tourist Information;
Hotel/Restaurant;
Pilgerherberge;
Camping

Parallel zur N 134 verlassen wir Aire-sur-l'Adour; auf der Höhe des Wasserturms zweigt der GR 65 nach rechts ab.

Durch waldreiches Gebiet führt der Weg an Latrille vorbei zur

Eglise Sensacq
romanische Kirche aus dem 11. Jh.; sie gehört zur Gemeinde

40320 Miramont-Sensacq
Hotel/Restaurant

Rechts vom Weg liegt auf einem Hügel der geschichtlich interessante Ort

40320 Pimbo
eine frühe Gründung Karls des Großen (778); schöne Kirche aus dem 12. Jh., jedoch in einem ziemlich schlechten Zustand; Restaurant.

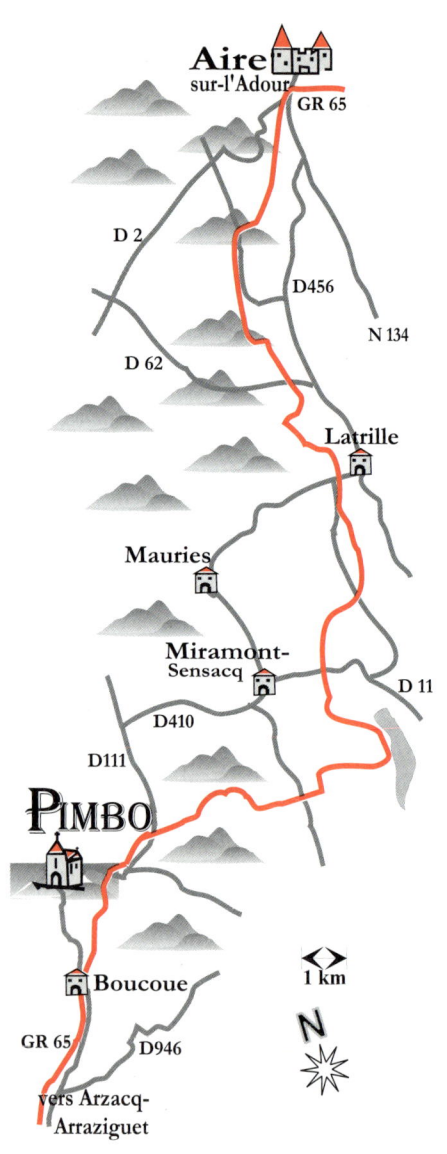

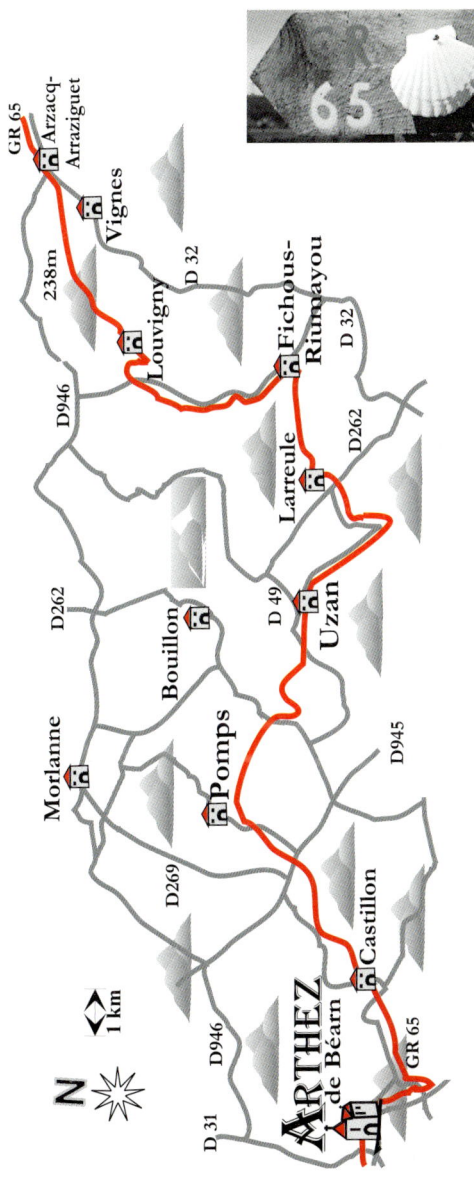

Zwischen Pimbo und
Boucoue, an einem mit
einer Jakobsmuschel
geschmückten Brunnen,
lesen wir:

Chemin St. Jacques-
de-Compostelle
_924 km_

GR 65 - reizvoller Weg
durch die Hügel des
Bearn nach

64410 Arzacq-
Arraziguet
Tourist Information;
Restaurant; Camping

weiter über Louvigny
und Larreule nach

Pomps
Unterkunft erfragen;
etwas abseits des GR 65
liegt Morlanne (Ferme
Auberge).

64370 Arthez-de-
Béarn
Tourist Information;
Hotel/Restaurant

Bilder Seite 110-111:
gr. Bild: Pyrenäen-Panorama;
o.l. Orthez- Pont Vieux;
o.m. Saint-Jean-Pied-de-Port
o.r. Croix Gibraltar -
Treffpunkt der drei Pilgerwege
von Tours, Vèzeley und Le Puy;
daneben alte baskische Grabsteine - vielleicht das frühe
Ende einer Pilgerfahrt?

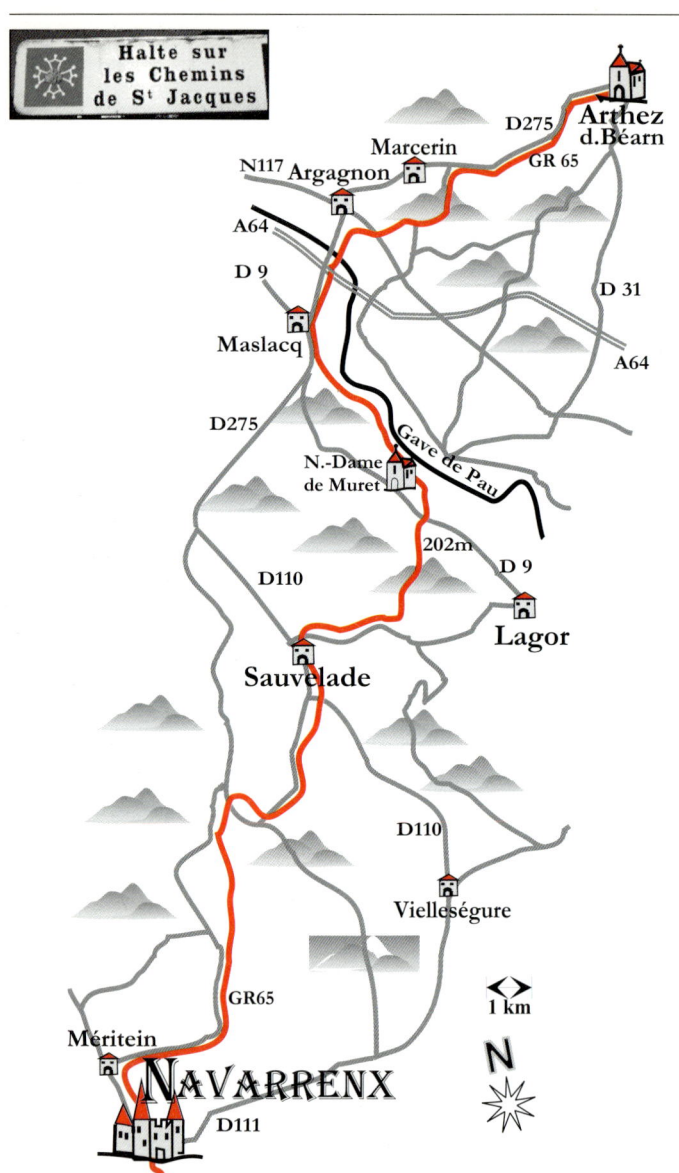

D275

Arthez d.Béarn

Marcerin

N117 Argagnon

GR 65

A64

D 9

D 31

Maslacq

A64

D275

Gave de Pau

N.-Dame de Muret

202m

D 9

D110

Lagor

Sauvelade

D110

Viellségure

GR65

Méritein

NAVARRENX

D111

1 km

N

Der GR 65 folgt der
D 275 nach Argagnon;
von hier aus empfiehlt
sich ein Abstecher nach

Orthez (siehe rechts)
(Bild Seite 110 o.l.)

Nach dem Überqueren
des Gave de Pau sehen Sie
die Erdgaslager von Lacq,
den größten in Frank-
reich, mit einem Gas-
volumen von 200 Milliar-
den m³; die Vorräte gehen
jedoch allmählich zur
Neige (Besichtigung)

64300 Maslacq
Hotel/Restaurant; Gîte
d'étape; Logis de France

Sauvelade
alte Cistercienser-Abtei
aus dem 12. Jh.
(Gîte d'étape)

64190 Navarrenx
Tourist Information;
Hotel/Restaurant;
Camping

Ort mit Stadtbefestigung
von 1540, später von Vau-
ban ausgebaut. Am besten
erhalten ist die Porte
Saint-Antoine bei der
Brücke über die Gave
d'Oloron, im Nordwesten
der Stadt

Orthez

ehemalige Hauptstadt des Bearn, reizvoll auf dem rechten
Ufer der Gave de Pau gelegen. Pont Vieux, Brücke mit Wehr-
turm aus dem 13. Jh. Orthez wird überragt von der Tour Mon-
cade, einem Turm aus dem 14. Jh., Überrest der ehem. Stadtbefestigung, die unter Gaston VII. erbaut wurde. Hôtel de la
Lune aus dem 14. Jh.; Eglise Saint-Pierre aus dem 13. und 14.
Jh.; die Kirche ist Teil der alten Stadtbefestigung und wurde
nach den Religionskriegen des 16. und 17. Jh. restauriert.

Im Baskenland...

Obwohl die Basken schon immer in einer ausgesprochenen
»Durchgangsgegend« lebten, haben sie bis heute ihre Sprache,
ihre Traditionen und alten Gesetze bewahrt. Ihr Ursprung ist
noch immer nicht zur Einhelligkeit der Wissenschaftler
geklärt; nach Humboldt sollen sie letzte Nachkommen der
»Iberer« sein, doch keine iberische Inschrift konnte mit Hilfe
des Baskischen gedeutet werden. Das Baskische kennt nur
eine Deklination, und sein Zahlensystem ruht auf der Dezimal-
und Vigesimalordnung. Von der Tracht ist nur die Baskenmütze
(la boina) geblieben; das Pelota - Spiel ist baskischer Volkssport.
Die Basken pflegen die Gastlichkeit, und es lohnt, an einem
Festessen teilzunehmen. Bei den baskischen Volksfesten haben
sich die Gegentänze »jorradantza«, »amkil dantza« und »mo-
dorro« wie auch der Schwertertanz »espata dantzaris« erhalten;
sie gehen auf religiöse Riten zurück. Dazu erklingen die alten
Wiegenlieder, Liebeslieder und geheimnisvolle Klagegesänge.

*Die Zöllner in diesem Land, nahe des Cisapas-
ses, in einem Ort namens Ostabat und in St.-
Jean und St.-Michel-Pied-de-Port, sind schlecht
und von Grund auf zu verdammen. Sie gehen
nämlich den Pilgern mit zwei oder drei Stöckern
entgegen, um sich gewaltsam einen Tribut zu erzwin-
gen. Und wenn ein Reisender ihnen ihre Forderung ver-
wehrt und kein Geld gibt, schlagen sie ihn, nehmen ihm
unter Vorwürfen ihren Preis und durchsuchen ihn bis
zur Hose. Sie sind unerschrocken, und das Land, das sie
bewohnen, erscheint durch Wälder und Wildnis bedroh-
lich, ihr grimmiges Aussehen und ihre fremde Sprache
erschrecken die Herzen derer, die sie sehen. Obwohl sie
eigentlich nur von Leuten, die ausschließlich Handel
treiben, einen Tribut verlangen dürfen, nehmen sie
ebenso eine Abgabe von Pilgern und Durchreisenden.*

Auf dem GR 65 verlassen wir Navarrenx; die Brücke über den Gave d'Oleron bringt uns auf den alten Pilgerweg Richtung Susmiou (Markierung Rot-Gelb-Grün).

Etwas südlich, an der »Tour de Navarrenx«, liegt das Hôpital Saint-Blaise, ein ehemaliges Hospiz zur Aufnahme der Pilger auf dem Jakobsweg nach Santiago de Compostela; Kirche aus dem 13. Jh. im hispano-arabischen Mudéjarstil.

Am »Chemin de St. Jacques« liegt das Château de Mongaston, das ehemalige Schloß der Grafen des Béarn; Donjon und Turm aus dem 13. und 14. Jh.; sehenswerte historische Ausstellung.

64120 Aroue
Ithorots-Olhaiby;
Gîte d'étape

Auf dem GR 65 weiter nach

Larribar-Sorhapuru

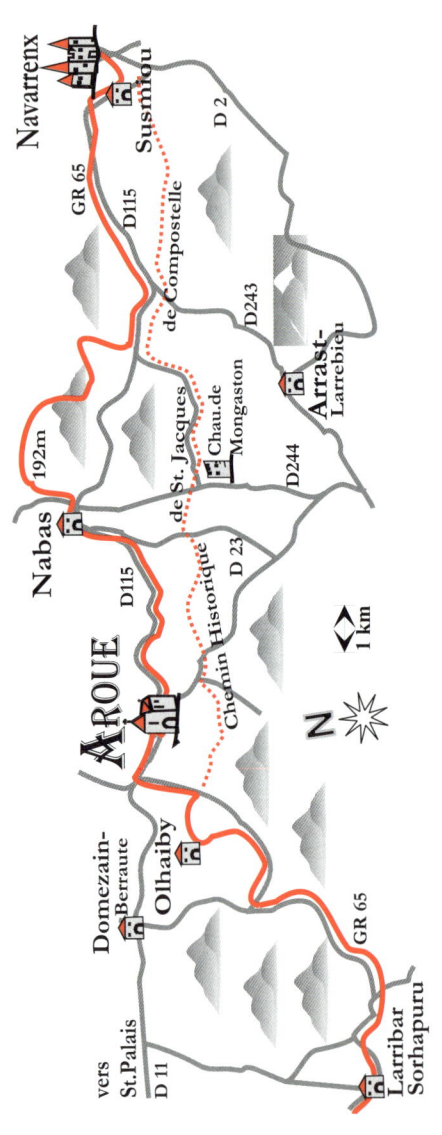

114

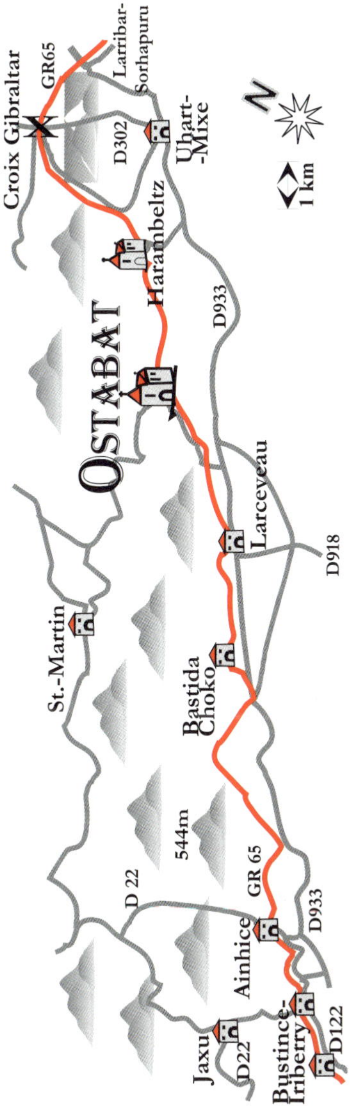

Map labels

Croix Gibraltar

GR65

Larribar-Sorhapuru

D302

Uhart-Mixe

N

1 km

Harambeltz

D933

OSTABAT

Larceveau

D918

St.-Martin

Bastida Choko

544m

D 22

GR 65

D933

Ainhice

Jaxu

D22

Bustince-Iriberry

D122

Letzte Etappe der uns
vertraut gewordenen
GR-Markierung; nach
Überqueren der D933
steigen wir hinauf zum
Treffpunkt der drei Pilger-
wege von Tours,
Vèzeley und unserem
Le Puy-Weg, genannt

Gibraltar

steht für baskisch
»Chibaltarem«, lat.
»Salvatorem«
(siehe Abb. Seite 111 o.m.)

Über den »Chemin Histo-
rique de St-Jacques«
kommen wir zur idyllisch
gelegenen Kapelle
Saint-Nicolas (12. Jh.)
in Harambeltz.

Mit großen Erwartungen
wandern wir weiter nach

Ostabat

Der erste Ort nach der
Vereinigung der genann-
ten drei Pilgerwege hat
wenig von seiner mittel-
alterlichen Bedeutung
bewahrt.

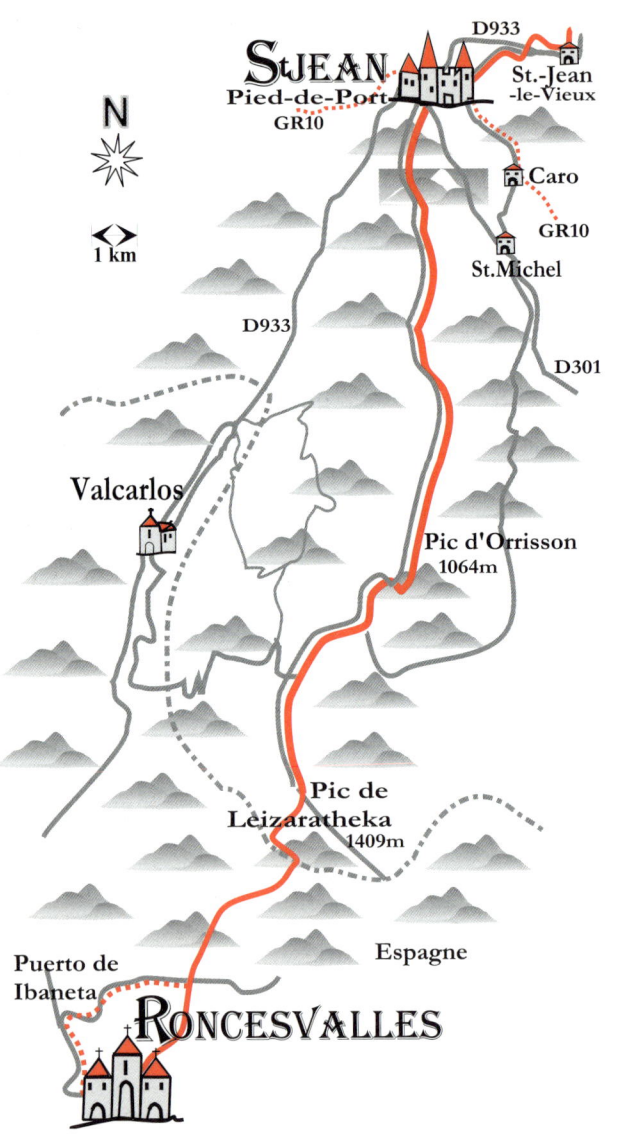

St-JEAN
Pied-de-Port
GR10

D933

St.-Jean
-le-Vieux

N

1 km

Caro

GR10

St.Michel

D933

D301

Valcarlos

Pic d'Orrisson
1064m

Pic de
Leizaratheka
1409m

Espagne

Puerto de
Ibaneta

RONCESVALLES

INFORMATION

Mit dem Erreichen des Camino ändert sich die Berichterstattung: In dieser Spalte erhalten Sie allgemeine Hinweise auf Tourist-Informationen, Campingplätze und Herbergen, die in Spanien »Refugio« heißen; viele sind erst im späten Frühjahr in Betrieb, öffnen teilweise erst am Abend ihre Tore und (wenn nicht genügend Platz ist) müssen motorisierte Pilger den Fußpilgern den Vortritt lassen. Die Streckenbeschreibung finden Sie im Textteil, gekennzeichnet mit dem Symbol des Europarats für den Camino.

GR 65 über St.-Jean-le-Vieux (Camping) nach

64220 Saint-Jean-Pied-de-Port
Office de Tourisme 8, Pl. du Marché; Bahnstation; Hotel/Restaurant; Campingplatz

Roncesvalles
Tourist Information; Hotel/Restaurant; Refugio (Massenlager). Anmeldung am Klostereingang; hier erhalten Sie auch auf Wunsch das Pilgerheft Credenzial del Peregrino.

Befestigter Ort an der Nive, von einer Zitadelle überragt und im oberen Teil von einer Wehrmauer aus dem 15. Jh. umgeben. Den Mittelpunkt bildet die gotische Kirche Notre Dame aus dem 14. Jh.; im Innern schöne, hellrote Sandsteinsäulen. Die Rue de la Citadelle mit Häusern aus dem 16. und 17. Jh. führt hinauf zur Festung, 1668 errichtet und von Vauban modernisiert; herrlicher Blick über Saint-Jean-Pied-de-Port. Links von der Kirche geht es durch einen Torbogen über die Pont-Vieux, der alten Brücke über die Nive, zur Porte de Navarre, wo man die Stadtmauern aus dem 13. Jh. besteigen kann.

Hier beginnt die »Route Napoleon« nach Roncesvalles; etwa 6-8 Stunden werden wir brauchen bis zum Ibaneta-Pass. Zuerst noch die vertraute Rot/Weiße Markierung, später dann Gelbe Pfeile und Jakobsmuscheln, führen uns steil den Berg hinauf. Der historische Pilgerweg ist fast überall durch Asphaltstraßen ersetzt worden - hier und da sieht man noch den alten Wegeverlauf. Wir erreichen die Baumgrenze und hinter dem Pic d'Orisson genießen wir den ersten Panoramablick auf die Gipfel der Pyrenäen. Eine nicht zu übersehende Anzahl Gelber Pfeile macht uns auf die Abzweigung aufmerksam und am Fuße des Leizarateca erreicht unser Weg die spanisch-französische Grenze. Ein erholsamer Waldweg nimmt uns auf und bringt uns zur gefassten Quelle von Izandorre. Es folgt ein erneuter Anstieg und vorbei am 1440 m hohen Lepoeder nähern wir uns dem asphaltierten Weg zum Ibaneta-Paß. Wer nicht zum Roland-Denkmal möchte, der kann auf dem alten Pilgerweg direkt nach Roncesvalles weitergehen.

Roncesvalles
Nach dem Abstieg vom Ibaneta-Paß erreichen wir Roncesvalles, wo im Jahre 778 die Nachhut Kaiser Karls des Großen vernichtend geschlagen wurde. Der Sage nach soll der hünenhafte Roland den Gegner vom Überschreiten der Paßhöhe unter Verlust seines Lebens so lange abgehalten haben, bis die von seinem Horn Olifant herbeigerufenen Heere des Königs zu Hilfe eilten. Im Ort der festungsartige Bau des Augustinerklosters mit einer 1194-1215 erbauten gotischen Kirche; abendlicher Pilgergottesdienst mit Segnung der Santiago-de-Compostela-Pilger. Sehenswerte Schatzkammer mit vergoldeter Schnitzfigur »Maria mit dem Kind« aus dem 13. Jh., dem Schachspiel Karls des Großen sowie dem »Streitkeule Rolands«. In der Capilla de Santo Espirito aus dem 12. Jh., dem ältesten Bau der Pilgerstation, das angebliche Grab Rolands in einer Felsennische.

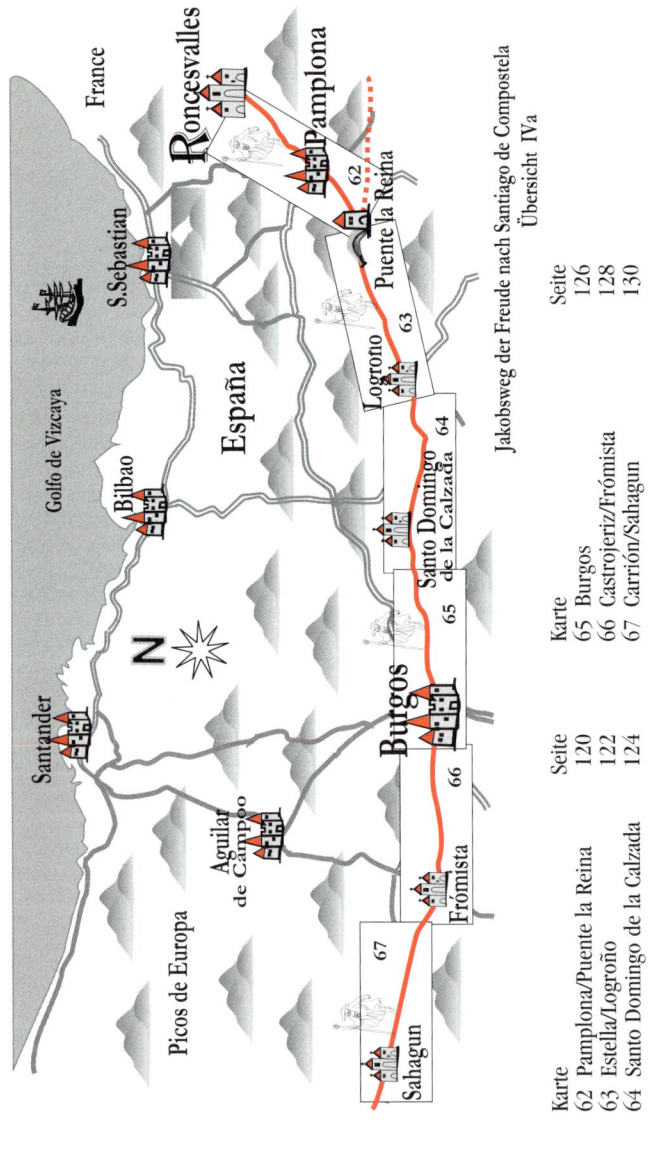

France

Roncesvalles

Pamplona

S.Sebastian

España

Golfo de Vizcaya

Bilbao

Puente la Reina

62

Logroño

63

N

64

Santo Domingo
de la Calzada

Santander

65

Burgos

66

Aguilar
de Campoo

Frómista

67

Sahagun

Picos de Europa

Jakobsweg der Freude nach Santiago de Compostela
Übersicht IVa

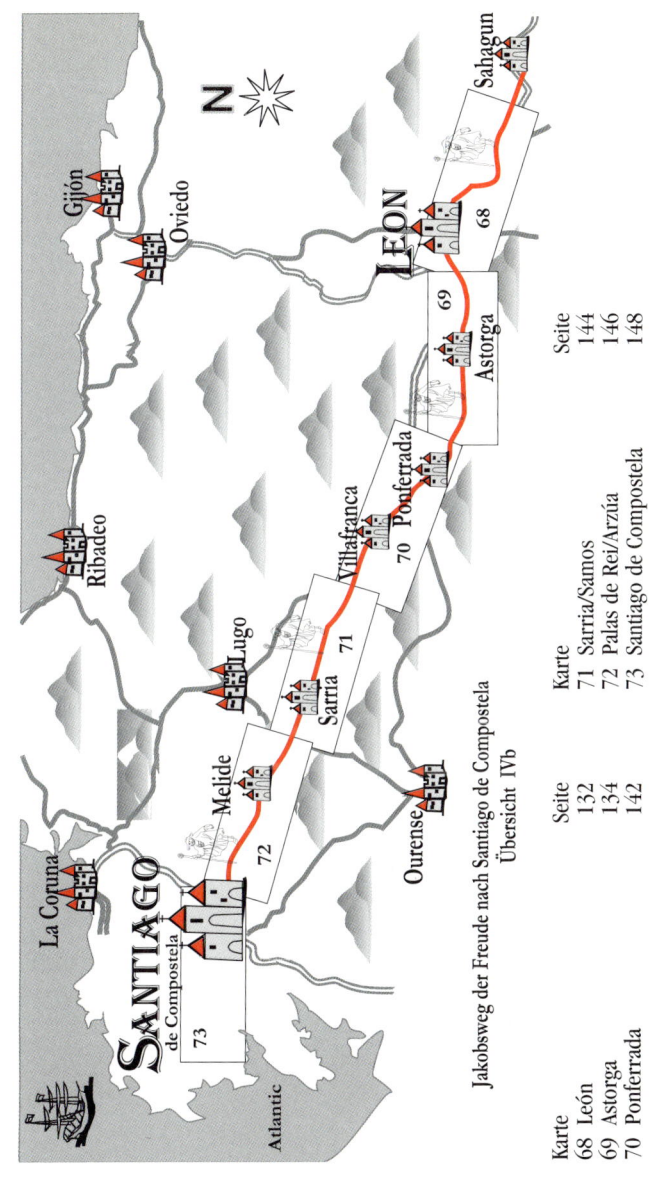

Jakobsweg der Freude nach Santiago de Compostela
Übersicht IVb

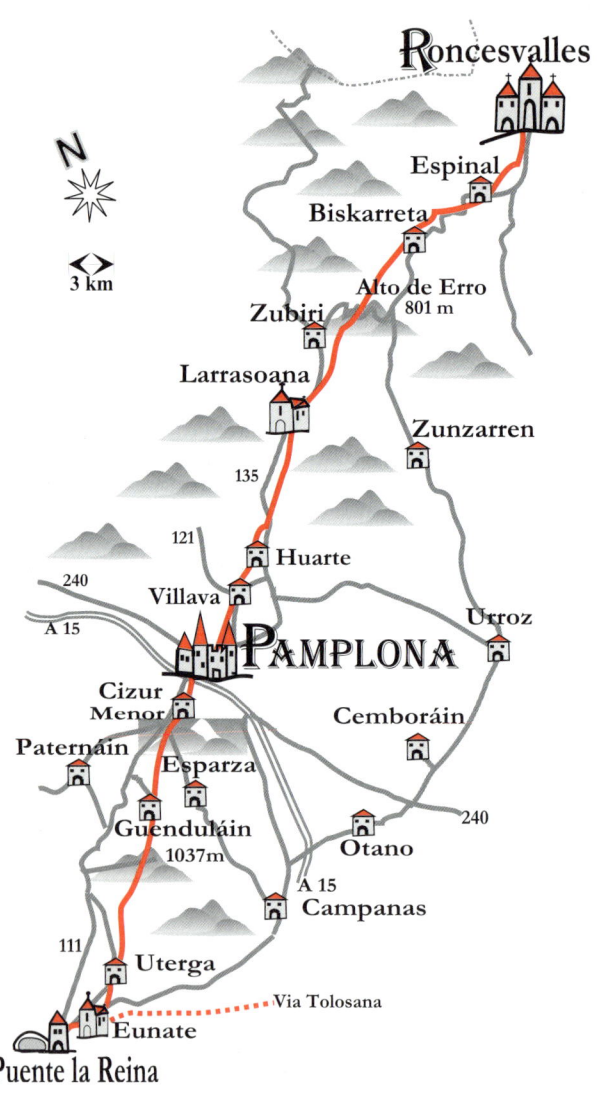

N
3 km

Roncesvalles

Espinal

Biskarreta

Alto de Erro
801 m

Zubiri

Larrasoana

Zunzarren

135

121

240

Huarte

A 15

Villava

Urroz

PAMPLONA

Cizur
Menor

Cemboráin

Paternáin

Esparza

Guenduláin
1037m

Otano

240

A 15

Campanas

111

Uterga

Via Tolosana

Eunate

Puente la Reina

INFORMATION

Telefon in Spanien:
Innerhalb der Provinz
Vorwahl ohne 9: Beispiel
→ Navarra 48;
in eine andere Provinz
Vorwahl mit 9: Beispiel
→ Leon 987;
Anrufe von Spanien nach
D: 0749-; nach A: 0743-;
nach CH: 0741-
Notrufe/SOS:
→ Polizei/Unfall 091
→ Feuerwehr 080

Espinal Camping

Zubiri Refugio

Larrasoaña Refugio
(kein Restaurant)

Villava Refugio

Pamplona
Tourist Information
Duque d. Ahumada 3;
Bahnanschluß;
Hotel/Restaurant; Refugio;
Camping

Cizur Menor Refugio

Obanos Refugio

Puenta la Reina
Tourist Information
Hotel/Restaurant;
Refugio/Schlafsaal
mit 30 Betten;

Camping in Mendigorria

Nach kurzer Wegstrecke auf der N 135 sehen Sie links ein verwittertes Pilgerkreuz - es gilt als das älteste des Camino. Die »Gelben Pfeile« weisen Ihnen den Weg nach Burguete mit schönen alten Baskenhäusern und Espinal, durch Buschwald und Felder und am Bachlauf entlang. Vor Viscarret (Biskarreta) ein Schild: nach Santiago de Compostela 787 km. Gebirgiger, steiniger Weg zum Alto de Erro (801 m). Der Wanderweg verläuft von Agorrreta bis Larrasoaña entlang der Arga; von Aquerreta bis zur uralten Bogenbrücke am Ortseingang von Zabaldica auf dem linken Argaufer. Bereits in Huarte beginnt die Vorstadt von Pamplona; durch Arleta nach Villava/Burlada. Hinter der alten Brücke Puente de la Magdalena zuerst nach rechts, der Biegung des Arga folgend, und unterhalb der Stadtbefestigung zum Portal de Francia nach

Pamplona

baskisch Iruna; Hauptstadt des ehemaligen Königreichs Navarra. Die Geschichtsforschung leitet ihren Namen vom römischen General Pompeius (75 v. Chr.) ab, der sie gegründet haben soll. Im 15. Jh. wurde sie zu der stark befestigten Stadt, wie sie zum Teil noch erhalten ist, mit malerischen mittelalterlichen Gassen und hohen Mauern und Zitadellen, die heute von der Jugend als beliebte Treffpunkte genutzt werden.

Wir verlassen die Stadt Richtung Universität; hinter den Brücken durch Felder nach Cizur Menor. Über Guenduláin und Zariquiegui auf einem ansteigenden Schotterweg zur Passhöhe Santa Maria Sierra del Perdón (780 m). Vor uns liegen die nächsten Zielorte Uterga, Muruzábal und Obanos. Hier verweilt der Blick auf der mitten im freiem Feld stehenden, wunderbaren Templerkirche Nuestra Señora Eunate aus dem 12. Jh., in der die einen eine Kopie der Jerusalemer Omarmoschee, die andern eine templer'sche Variation der Grabeskirche sehen (Bild Seite 137 o.). Dort trifft als letzter der vier Pilgerwege aus Frankreich die *Via Tolosana* von Arles und Toulouse über den Somport-Paß auf den Camino: „Von hier an sei der Weg eins..“

Puenta la Reina

erhielt seine Bedeutung durch die Jakobspilger, für deren Übergang über den Rio Arga im 11. Jh. die berühmte »Puente de los Peregrinos« gebaut wurde. Bis zum 14. Jh. kümmerten sich die Templer um die Pilgerscharen und bauten Kirche und Pilgerhospital Santa Maria de las Huertas. Pilgerkirche Santiago el Mayor mit einer romanischen Fassade aus dem 12. Jh.; Häuser an der Calle Major mit wunderschönen alten Portalen.

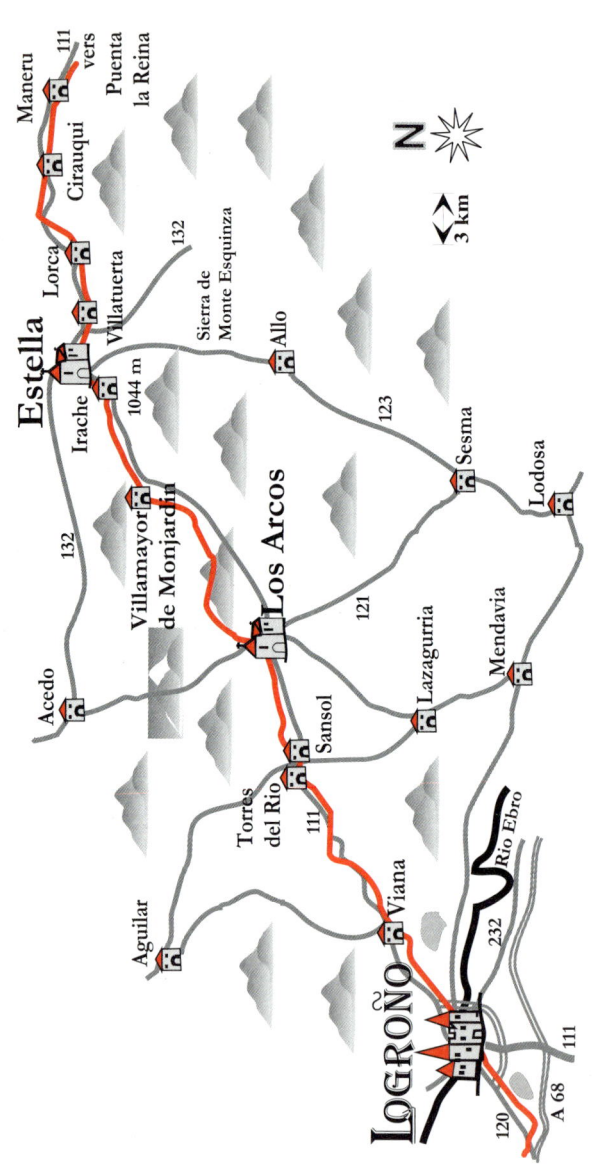

N

3 km

Maneru
vers
Puenta
la Reina

111

Cirauqui

Lorca

Villatuerta

132

Sierra de
Monte Esquinza

Estella

Irache
1044 m

Allo

123

Sesma

Lodosa

Villamayor
de Monjardin

Los Arcos

Acedo

132

Sansol

121

Lazagurria

Mendavia

Torres
del Rio

111

Aguilar

Viana

Rio Ebro

232

LOGROÑO

120

A 68

111

Noch einmal einen Blick auf die wunderbaren Bögen der Brücke und weiter geht es, zuerst den Arga flußabwärts; später führt der ausgewaschene Pilgerpfad über die Höhe nach Mañeru (Kirche des Johanniterordens von Bargota). Wir kommen in die mittelalterliche Stadt Cirauqui, mit schöner Kirche San Roman auf steilem Hügel (mozarabisches Portal). Hinter dem Ort beginnt der gepflasterte Pilgerweg, mit einer kleinen Brücke Reste der antiken Römerstraße. Vor Lorca (Hospiz aus dem 12. Jh.) überqueren wir den Rio Salado und wenig später erreichen wir Estella.

 *Bei einem Lorca genannten Ort fließt der sogenannte »Salzbach«. Hüte dich, weder deine Lippen zu benetzen noch dein Pferd dort zu tränken, denn der Fluß ist todbringend. Als wir nach Santiago pilgerten, fanden wir an seinem Ufer zwei Navarreser, die dort saßen und ihre Messer wetzten. Sie pflegten die Pferde der Pilger abzuhäuten, die verendet waren...*

Estella

Schöne mittelalterliche Stadt auf römischen Fundamenten, in einer Schleife des Rio Ega gelegen; im 11. Jh. von den Franken besiedelt, wurde der Ort von den Jakobspilgern gerühmt. Über die Pilgerbrücke zur Kirche San Miguel (12. Jh.), romanisches Glanzstück Spaniens. Etwas weiter unter Felsen San Pedro de la Rua mit einem leider nur teilweise erhaltenen Kreuzgang.

Die Route rechts der Straße führt auf einen Waldweg; weiter entlang der N 111, liegt vor der Kulisse des Montjardin der kleine Ort Villamayor, Burg San Estebans aus dem 10. Jh.; auch hier Erinnerungen an den Feldzug Karls des Großen. Ein steiniger Weg über die Alto de los Largos bringt uns nach Los Arcos, einem schon früh (u.a. von den Römern) besiedelten Ort. In Torres del Rio steht die berühmte romanische Templerkirche Santo Sepulcro mit deutlich erkennbarem maurischen Einfluß. Durch hügelreiche, fruchtbare Landschaft führt der immer noch steinige Camino über Viana (schlechte Markierung!) ins Ebrotal.

Logroño

Provinzhauptstadt und Zentrum der Rioja; hinter der Ebrobrücke Puente de Piedra, 1183 von Ortega erbaut, beginnt sofort die Altstadt, deren Ursprünge in der bereits aus keltiberischer Zeit bekundeten Siedlung Cantabria liegen. Das älteste Gebäude der Stadt dürfte, nachdem El Cid Logroño 1092 total zerstört hat, die Kirche Santa Maria del Palacio sein.

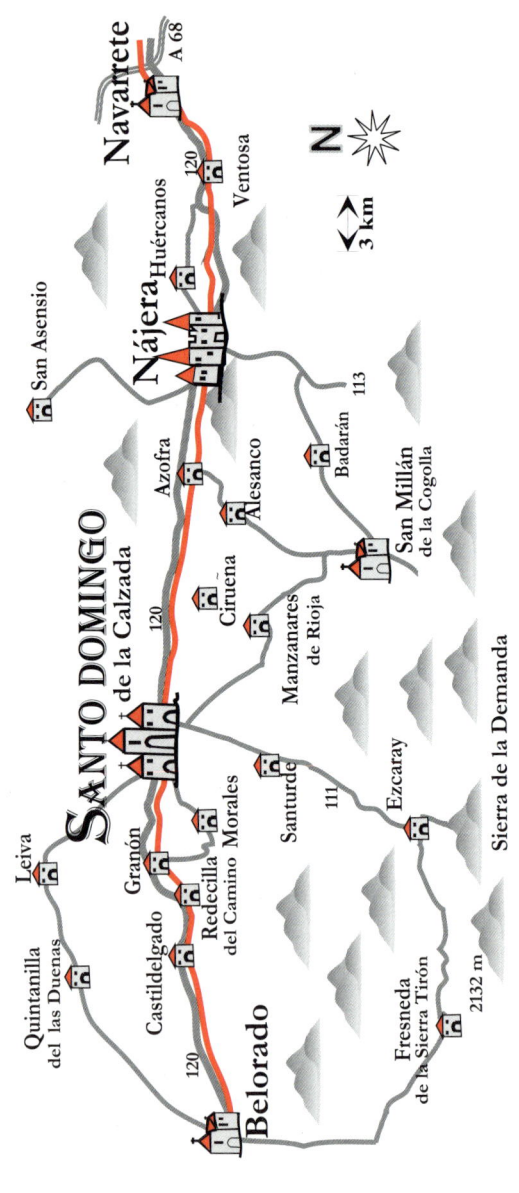

Wir verlassen Logroño
entlang der Hauptstraße
N 120, und schon bald ist
Navarrete, vor markanter
Bergkulisse, erreicht.

Navarrete
Hotel/Restaurant;
Refugio; Camping

Nicht nur Navarra und
Kastilien kämpften lange
um diesen Ort; ein Stück
weit des Weges durch
die Weinberge Richtung
Westen, in Poyo Roldan,
fand 778 der Kampf
Rolands gegen Ferragut,
den maurischen Herr-
scher von Nájera, statt.

Nájera
Tourist Information;
Hotel/Restaurant;
Refugio; Camping an
der Arena

Azofra Refugio

Santo Domingo de la Calzada
Tourist Information;
Hotel/Restaurant;
Refugio; Camping

Redecilla Refugio

Belorado Tourist Infor-
mation; Hotel/Restaurant;
Refugio (in einer Kirche)

Nájera

Ein für die Jakobspilger wichtiger Ort an der Brücke über den Rio Najerilla; die alte Stadt Nájera (arabisch für Felsennest) war nach der Vertreibung der Mauren Navarras Metropole, bevor es 1076 zu Kastilien kam. Die Klöster und Hospitäler wurden später von König Alphonso VI. allesamt dem Orden aus Cluny übergeben. Neben der gotischen Kirche aus dem 15. Jh. liegt der »Kreuzgang der Ritter«, mit wunderbarem, spätgotischen Masswerk aus rotem Stein.

Der Camino setzt sich oberhalb des Klosters Santa Maria la Real fort und bringt uns in eine waldreiche und fruchtbare Hügellandschaft Richtung Azofra. Nach dem Kriegerdenkmal verläuft der alte Pilgerweg entlang der N 120; eine Variante bietet der Weg im ansteigenden Gelände nach Cirueña, von wo man kurze Zeit später in das Tal des Rio Oja hinabsteigt. Hinter Santo Domingo de la Calzada erwarten uns 20 km Pilgerweg entlang der N 120 durch gebirgiges Gelände, bis wir die eigentümlichen Felsformationen Belorados sehen.

Santo Domingo de la Calzada

eines der ersten »Rasthäuser« am Camino; 1044 baute der Eremit Dominikus, ein wahrer Menschenfreund, für die Jakobspilger eine Brücke über den Oja und wenig später eine Herberge und ein Hospital. Nach seinem Tod im Jahre 1100 ereignete sich so manches Wunder. Was hat beispielsweise ein

Hühnerstall im Querschiff einer Kathedrale zu suchen? Zeitgenössische Schriften erzählen von einem jungen Pilger (in Begleitung seiner Eltern), der den Verlockungen der *Filia Hospitalis* widersteht, worauf diese auf Rache sinnt. Sie beschuldigt ihn des Diebstahls eines silbernen Bechers, den sie ihm kurz zuvor in seinen Ranzen geschmuggelt hat. Er wird ergriffen, verurteilt und kurzerhand aufgehängt. Seine Eltern wollen schon die Pilgerreise fortsetzen, als sie sein Rufen hören, und welch Wunder, ihn lebend am Galgen finden. Sie melden es dem Richter, der sich soeben anschickt, gebratenes Geflügel zu verspeisen, doch dieser will die Sache nicht recht glauben. Ihr Sohn, sagt er, sei so tot wie die Hühner auf seinem Mittagstisch. Kaum ausgesprochen, rühren sich die Vögel und fliegen aus dem Fenster.

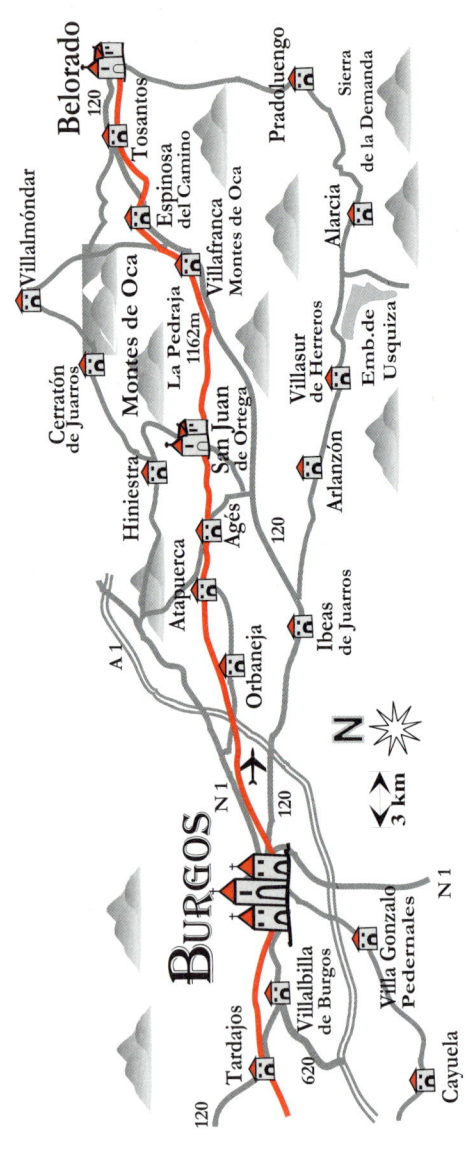

Antonio Machado y Ruiz
besingt die rauhe Land-
schaft Altkastiliens, mit
Hitze im Sommer und
eisiger Kälte im Winter:
*„Welliges Land, und die
Strassen verbergen bald
die Reitenden, die auf
braunen Eselchen sitzen,
bald wieder tauchen sie
auf im rötlichen Abend.
Bauerngestalten -
Flecken im Gold der
Sonnenneige".*

Weiter entlang der N120 über Villambistia und Espinosa nach Villafranca; die »fränkische Siedlung« wird im *Codex Calixtinus* als Pilgerhospiz genannt, doch bereits im 6. Jh. ist ein Bischof von »Auca« urkundlich erwähnt. Von hier führt der Pilgerweg zum Puerto de la Pedraja (1150 m), in die berüchtigten Berge von Oca, wegen ihrer Unwegsamkeit von allerlei lichtscheuem Gesindel bevölkert, und die Pilger waren froh, als sie San Juan de Ortega erreichten. Von den drei Wegen, die von hier aus weiterführen, nehmen wir den mittleren (gelbe Pfeile) über Ages und Orbaneja; er führt durch eine fruchtbare Hügellandschaft mit Wäldern und Feldern nach Villafria, wo die Vorstadt von Burgos beginnt. Wer sich bei den Telefonsendern rechts hält, kommt nach Gamonal; von hier Stadtbus ins Centrum.

Darnach ritt wir durch das schendlichst gebirg, da man weder leut und vich sach, noch wasser fand, nichts anders dann kal berg, die nit holtz trugen, und kamen in der haubstätt eine in Hispanien, heißt Burges. Die burger theten meinem herrn gar gross eer in der selben stat und schenkten meinem herrn kostlichen wein und confekt und machten meinem herrn mitten in der stat auf dem markt ein gejeid mit wilden ochsen.

Burgos

(span. Burgtürme) wurde 884 als Grenzfeste gegen die Mauren gebaut. Im Jahre 1037 wählten die kastilischen Könige die Stadt als Herrschersitz, rund 400 Jahre war sie Hauptstadt Kastiliens. Burgos ist ein schöner alter Ort mit engen Straßen und Plätzen rings um die Kathedrale, eine der größten gotischen Kirchen Spaniens (Bild Seite 137 u.). 1221 wurde der Grundstein gelegt, doch fertig war sie erst 300 Jahre später. Neben der wunderbaren Fassade beeindrucken vor allem die »Goldene Treppe«, die Kapelle des Konnetabels und die Puerta Alta de la Coronería. Von den mittelalterlichen Wehranlagen sind fünf Tore und Türme erhalten, so der Arco de Santa Maria mit den Statuen von Kaiser Karl V. und El Cid. Besonders stolz ist Burgos auf seinen Sohn Rodrigo Diaz de Vivat, bekannt unter dem Namen El Cid, dessen Heldentaten im 11. Jh. beim Kampf gegen die Mauren im »Cantar del Mio Cid« festgehalten sind. Er erhielt einen Ehrenplatz im Coro der Kathedrale. Burgos war für die Jakobuspilger einer der wichtigsten Orte am Camino, mit mehr als 30 Herbergen und Hospitälern; übrig geblieben ist allein das Hospital del Rey im Westen der Stadt, Richtung Villalbilla.

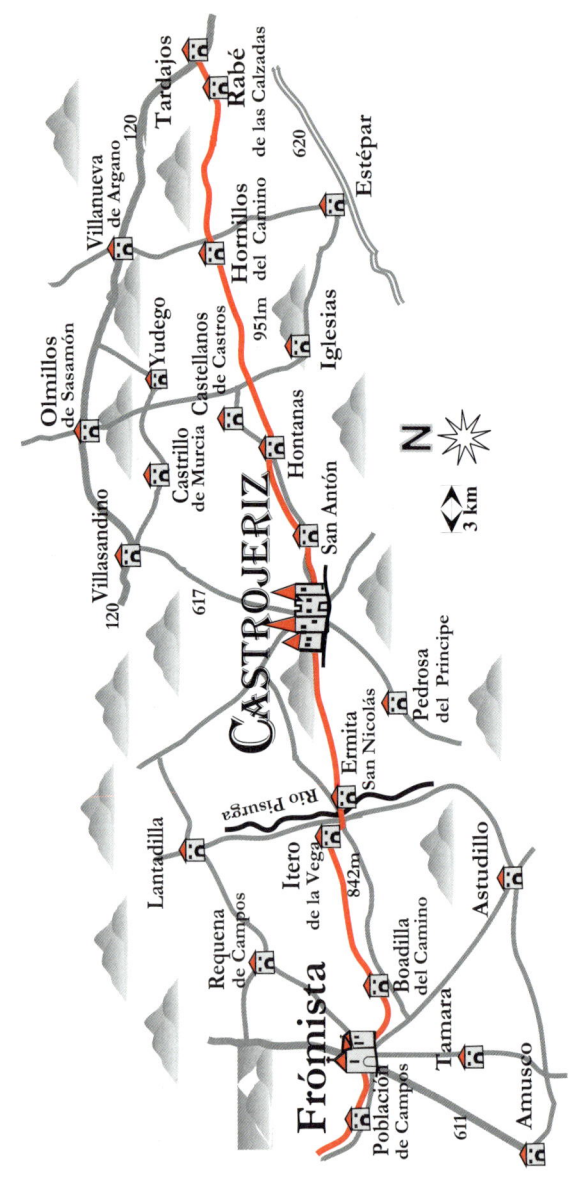

Der Pilgerweg entfernt sich von der Landstrasse N 120 und führt auf den »Campo de Pan«. Die - inzwischen geteerte - Calle Real in Hornillos del Camino ist identisch mit dem Pilgerweg des Mittelalters. Wir kommen in das Tal von Hontanas, wo noch ein Pilgerhospiz (Mesón de los Franceses) erhalten ist, und wenig später durch einen Torbogen der Ruine des Klosters San Anton aus dem 14. Jh. Wen es interessiert: die »gotische Gerichtssäule« nahe der Kirche in Boadilla del Camino, mit Jakobsmuscheln verziert, ist ein mittelalterlicher Pranger. Über die Höhen des Paso Largo nach Castrojeriz.

Von der Stadt Burgos geht es über Tardajos, Hornillos, Castrogeriz, die Brücke von Itero (del Castillo), Fromista, und über Carrión de los Condes, eine geschäftige und blühende Stadt, die an Brot, Wein, Fleisch und anderen Lebensmitteln reich ist, bis nach Sahagún, das ebenfalls durch Fruchtbarkeit hervorsticht. Auf einer dort gelegenen Wiese sollen sich einstmals - wie berichtet wird - die glänzenden Lanzen der siegreichen Kämpfer, die zur Ehre Gottes aufgestellt wurden, belaubt haben....

Castrojeriz

Schon von weitem sieht man die Ruinen des *Castrum Sigerici*, einer gotischen Gründung aus dem Jahre 760 auf dem schwarzen Tafelberg; wer hinauf steigt, wird mit einem sagenhaften Rundblick belohnt. Kirche Nuestra Señora del Manzano (nationales Denkmal), 1214 im romanisch-gotischen Stil gegründet und im 18. Jh. umgebaut; im Innern die berühmte Madonnenstatue aus dem 13. Jh. »Santa Maria d'Almacan«.

Durch das Tal des Rio Odra gelangen wir über die Höhe von Mostelares (Collada) nach Itero. Der Rio Pisuerga bezeichnet die Landesgrenze von Kastilien und Palencia.

Frómista

Aus einer keltischen Siedlung entwickelte sich unter den Westgoten eine blühende Stadt, die von den Mauren im 8. Jh. zerstört wurde. San Martín in Frómista ist eine der ältesten romanischen Kirchen Spaniens. Die wunderbare dreischiffige Basilika stammt aus dem 11. Jh. und war Teil eines Benediktinerklosters, das von Doña Mayor, der Frau Sanchos des Großen, im Jahre 1066 gegründet wurde. (Bild Seite 138 o.l.)

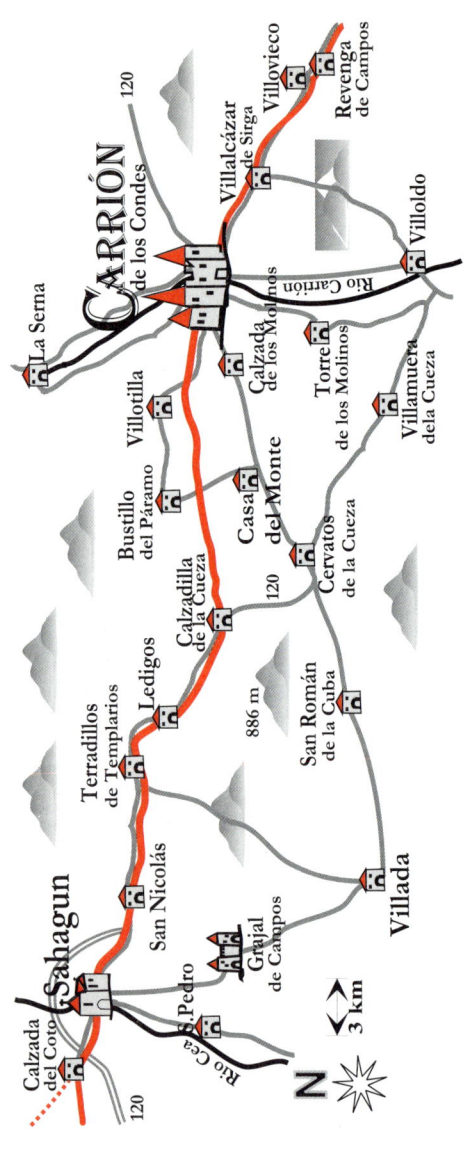

120

Villovieco

Villalcázar de Sirga

Revenga de Campos

CARRIÓN de los Condes

Villoldo

La Serna

Río Carrión

Calzada de los Molinos

Torre de los Molinos

Villotilla

Villamuera de la Cueza

Bustillo del Páramo

Casa del Monte

Cervatos de la Cueza

Calzadilla de la Cueza

120

Ledigos

886 m

San Román de la Cuba

Terradillos de Templarios

Villada

San Nicolás

Sahagun

Grajal de Campos

S. Pedro

Calzada del Coto

Río Cea

120

3 km

N

Villalcázar de Sirga mit der romanischen Kirche Santa Maria aus dem 12. Jh., ursprünglich als Grabkirche gebaut (daher auch die Vielzahl der Grabplatten im Querschiff). Statue der sitzenden »Virgen Blanca«; die Jungfrau von Villasirga (wie Villalcázar volkstümlich genannt wird) vollbrachte ihre Wunder vornehmlich an Pilgern, die ohne Sühne aus Santiago zurückkehrten!

Carrión de los Condes
Hotel/Restaurant; Refugio; Camping

Calzadilla
Hotel/Restaurant; Refugio

Terradillos Refugio

Sahagún
Hotel/Restaurant; Refugio Hospederia der Benediktinerinnen; Camping

Calzada del Coto
Refugio

 Über die Meseta nach Villovieco; auf steinigem Camino erreichen wir die wunderspendende Ermita Virgen del Rio und etwas weiter Villalcázar de Sirga, eine zum Schutz des Pilgerwegs vom Templerorden angelegte Siedlung. Durch die fruchtbare Ebene entlang der Landstraße nach

Carrión de los Condes

Santa Maria del Camino mit schönem, figurengeschmücktem Portal und die Santiago-Kirche mit einem wunderbaren, romanischen Skulpturenfries zeugen von der großen Bedeutung der Stadt für die Pilger; für sie bauten die Mönche aus Cluny am Rio Carrión das Kloster San Zoilo mit seinem sehenswerten Kreuzgang.

 Am Kloster San Zoilo vorbei Richtung Villotilla führt der Camino, und von den Ruinen des Klosters Benevívere bis nach Calcadilla bedient er sich der Trasse der antiken römischen Heerstraße. Später folgt er der N 120, die ziemlich steil ins Tal von Ledigos abfällt. Hinter Nuestra Señora, einem Bauernhof mit einer Kapelle, durch ein kleines Wäldchen nach

Sahagún

Das *Itinerarium Antonini* des 4. Jh. verzeichnet für diesen Platz die römischen Siedlungen *Biminatium* und *Camala*; der Campus am westlichen Ufer des Cea war Schauplatz der berühmten Schlacht der Heere Karls des Großen gegen die Mauren Agiolandos im Jahre 778 (siehe unten). Ab dem 9. Jh. ist eine Abtei bekundet, die um 1068 mit Hilfe von Cluny zur Residenz Alphons VI. wurde. Die beiden Kirchen San Lorenzo (nördl. der Plaza Mayor) und San Tirso (am Pilgerweg) sind schöne Beispiele für den Mudéjarstil des 13. Jh. Wir verlassen Sahagún auf dem Pilgerweg Richtung Leon über die Brücke Puente de Canto aus dem 11. Jh.

> *...am Cea, wo auf Geheiß Karls des Großen die sehr große und ausgezeichnete Basilika der Märtyrer Facundo und Primitivo errichtet wurde... Einige Christen rammten ihre Lanzen aufrecht in den Boden... bei Anbruch des nächsten Tages sahen jene, die während der unmittelbar bevorstehenden Schlacht für ihren Gottesglauben die Auszeichnung des Märtyrertods empfangen sollten, daß ihre Lanzen Rinde und dichtes Gezweig trugen...*

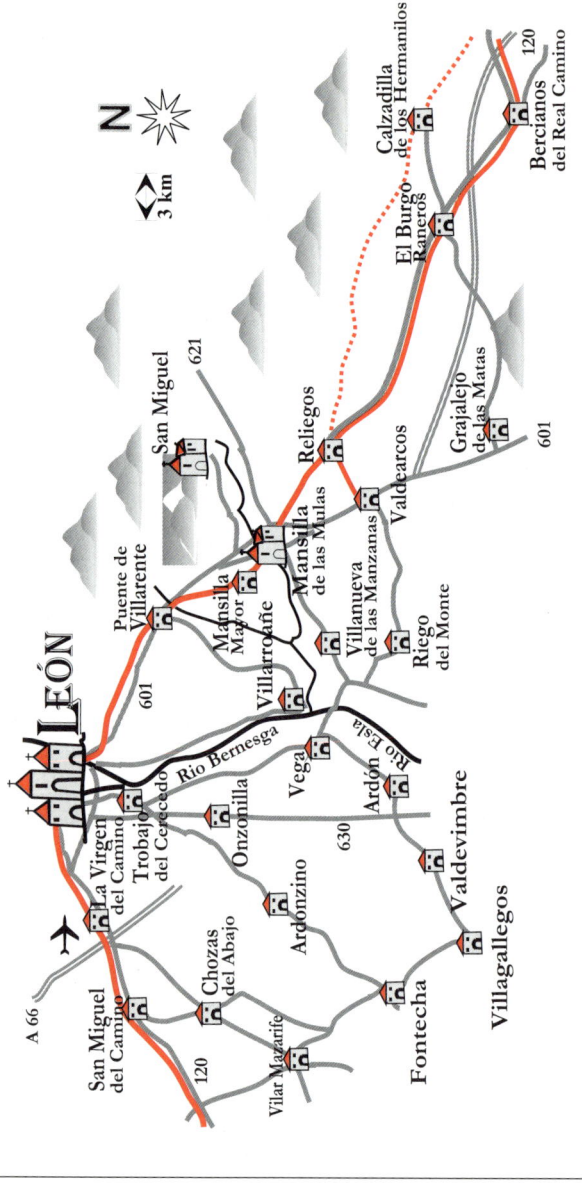

LEÓN

San Miguel

Puente de
Villarente

Mansilla
Mayor

Villarroañe

Mansilla
de las Mulas

Reliegos

Valdearcos

El Burgo
Ranero

Calzadilla
de los Hermanillos

Bercianos
del Real Camino

Grajalejo
de las Matas

Villanueva
de las Manzanas

Riego
del Monte

Vega

Ardón

Río Esla

Río Bernesga

Trobajo
del Cerecedo

Onzonilla

La Virgen
del Camino

Ardonzino

Chozas
del Abajo

Valdevimbre

Villagallegos

Fontecha

Vilar Mazarife

San Miguel
del Camino

A 66

120

601

630

621

601

120

3 km

N

Wir entscheiden uns in Calzada del Coto gegen die »Calzada Romana« (Verlauf der alten *Via Traiana*; gepunktete Linie; keine Markierung) und - nachdem wir eine neue Autobahn überquert haben - für den Weg nach El Burgo Raneros, und weiter durch's »Ohnebaumland« über Reliegos nach Mansilla. Bevor wir nach León kommen, nehmen wir die Abzweigung nach Mansilla Mayor und besuchen das Kloster Santa Maria de Sandoval aus dem 12. Jh.

Nach der Brücke über den Rio Esla liegen rechts auf einem Hügel die Reste von Lancia, einer Siedlung der keltischen Asturer aus dem 2. Jh. vor Chr. Etwas später zweigt von der N 120 die Landstrasse Richtung Valle de Mansilla ab, den Rio Esla entlang; hinter den Hügeln taucht zuerst der Turm des Klosters San Miguel de Escalada aus dem 10. Jh. auf, und dann stehen wir vor der schönsten mozarabischen Säulenhalle Spaniens.

León

Die Stadt am Rio Bernesga wurde um 60 n.Chr. als römisches Kastell gegründet – León's Wappentier ist ein Erbstück der *Legio Septima Gemina*. Die Westgoten machten sie zur Hauptstadt von Asturien; 988 eroberten die Mauren die Stadt, verwüsteten sie und Alphons V. baute sie wieder auf. Unter Ferdinand I. wurde im Jahre 1063 die romanische Basilika Colegiata de San Isidoro als letzte Ruhestätte für den wundertätigen Bischof von Sevilla geweiht. Meister Esteban, der Künstler von Santiago, schuf die wunderbaren Portale del Cordero und del Perdón. Im »Pantheón Real« ruhen unter einem mit Fresken übermalten Gewölbehimmel neben Ferdinand (er vereinigte die Königreiche León und Kastilien und trug als erster den Titel »König der Spanier«) zweiundzwanzig weitere Monarchen.

Als schönste Kirche Spaniens gilt die Kathedrale Santa Maria de la Regla (Bild Seite 138/139 o.), Ende des 12. Jh. begonnen und im 13. Jh. vollendet. Schlanke, himmelwärts strebende Säulen tragen die gotische Wölbung; wunderbare Rosettenfenster an beiden Enden des Kirchenschiffs und unzählige Buntglasfenster lassen den Innenraum in vielfarbigem Licht erstrahlen. Das Kloster de San Marcos (heute Luxusherberge) wurde im 12. Jahrhundert ausdrücklich zur kostenlosen (!) Beherbergung von Pilgern gebaut. So darf es nicht verwundern, daß León wegen seiner Gastfreundschaft für die Jakobspilger des Mittelalters ein beliebter Ort war.

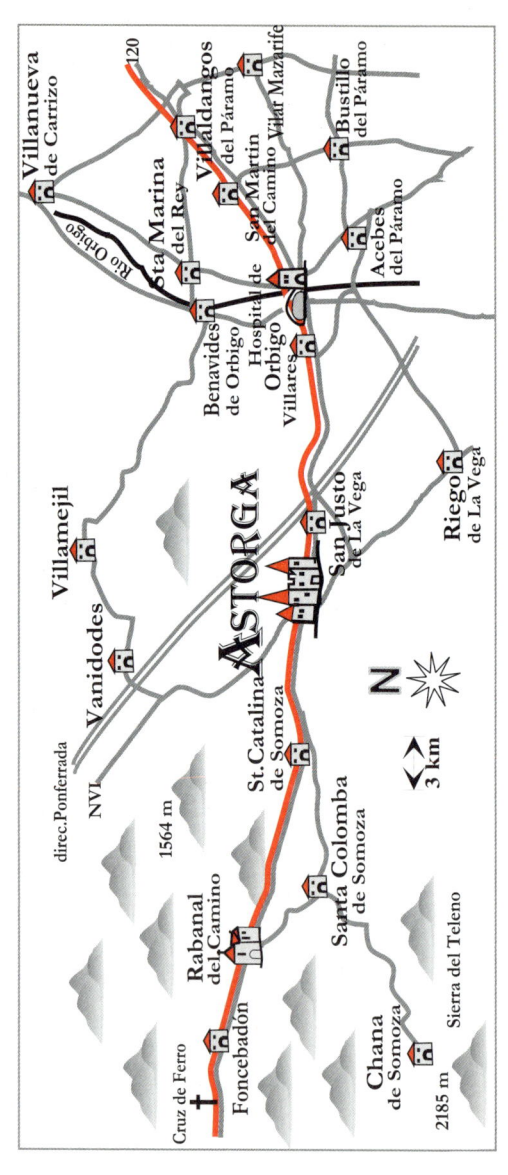

Der Camino Real durch die fruchtbare Ebene von Villaldangos del Páramo entfernt sich nur selten von der N 120. Die dortige Pfarrkirche ist Santiago Matamoros geweiht, Jakobus dem Maurentöter, der in der Schlacht bei Clavijo im Jahre 844 den christlichen Asturern im Kampf gegen die Mauren zum Sieg verholfen haben soll. Über Feldwege (Markierung mangelhaft) nach

Astorga

Asturica Augusta war bereits in römischer Zeit ein wichtiger Straßenknotenpunkt in Asturien. Plinius spricht von der Stadt als *Urbs magnifica* und - wie die mächtigen alten Stadtmauern zeigen - mit der Benutzung der alten Römerstraßen durch die Jakobspilger wuchs ihre Bedeutung noch. Die Kathedrale Santa Maria (Bild Seite 139 o.r.) wurde ab dem 15. Jh. so oft umgebaut, daß von der alten Pilgerkirche nichts erhalten blieb. Wunderbares Chorgestühl und sehenswertes Retabel des Altars von Gaspar Becerra (1562); Kapelle mit ausdruck-ksstarker, romanischer Muttergottes mit dem Kind und in der Sakristei ein kostbarer Reliquienschrein von 890. Palacio Episcopal des Katalanen Gaudí, das »Museo de los Caminos«. Am Casa Consistorial auf der Plaza Mayor das Wahrzeichen der Stadt: zwei Maragatos (Figuren in Pluderhosen) schlagen die Zeit an; Maragatos nahmen schon an der Schlacht bei Clavijo teil.

Hinter Mansilla und León, Königs- und Hof-stadt, die reichhaltige Kostbarkeiten aufweist, geht es über Orbigo, die Stadt Astorga, Raba-nal, das den Beinamen »Der Gefangene« trägt, den Irago-Paß, Molinaseca, Ponferrada, Caca-belos, Villafranca an der Mündung des Valcarce, das »Sarazenenlager«, Villa Us, den Cebreropaß und das Hospiz auf dem Gipfel dieses Berges, sowie über Linares de Rey nach Triacastela, am Fuß dieses Berges in Gali-cien. Dort empfangen die Pilger einen Stein und neh-men ihn bis Castañola mit, damit Kalk für den Bau der apostolischen Basilika gemacht werden kann...

Die Landstraße nach Santa Catalina de Somoza führt durch landschaftlich schönes und fruchtbares Gebiet. Über El Ganso nach Rabanal del Camino (Refugio Gaucelmo); bis Foncebadon folgt Heidelandschaft. Vom dor-tigen Pilgerhospiz steht nur noch ein Torbogen.

Historie der Wallfahrt nach Santiago de Compostela

Bereits im 7. und 8. Jh. ist in Spanien, Frankreich und auf den Britischen Inseln ein Jakobuskult nachgewiesen. Man nimmt an, daß es der asturische Mönch Beatus von Liebana war, der als erster Jakobus den Älteren in persönliche Beziehung zu Spanien setzte. Unter Alfons II. (791-842) wird der Heilige zum erstenmal als Landespatron bezeichnet. Historisch gesichert ist, daß der Apostel im Jahre 44 in Jerusalem den Märtyrertod erlitt und dort begraben wurde. Ferner gibt es Hinweise, wonach sein Grab in Jerusalem besucht und verehrt wurde. Aus byzantinischen Schriften wissen wir, daß den Aposteln bestimmte Gebiete als Wirkungsstätte ihrer Missionstätigkeit zugewiesen wurden; die Legende berichtet, der Apostel sei vor seinem Tode zwei Jahre in Spanien gewesen. Es könnte möglich sein, daß Kaiser Justinian die Gebeine später den Mönchen des Katharinenklosters schenkte. Ob und wann aber eine Überführung nach Spanien stattfand, ist bis heute ungeklärt. Auch neuere Ausgrabungen unter der Jakobuskirche haben in diesem Punkt bislang noch keine Klarheit schaffen können.

Die ersten schriftlichen Nachrichten über Santiagopilger stammen merkwürdigerweise von einem arabischen Reisenden mit dem Namen Ibn Dihay; er berichtet, im Jahre 844 seien normannische Pilger in Santiago gewesen. 850 werden Friesen erwähnt. Der Pilgerstrom nimmt im 11. und 12. Jh. unvorstellbare Ausmaße an; wir wissen von zahlreichen Rittern, Bischöfen und Fürsten, die die Fahrt unternahmen und da auch eine große Zahl Arme dieses Ziel wählte, bestand die Bezeichnung »Wallfahrt des kleinen Mannes« zweifellos zu Recht. Die politische Bedeutung der Pilgerzüge bestand darin, daß sie die christliche Bastion in Nordspanien verstärkten; der fortwährende Pilgerstrom schuf eine Barriere, die man noch mehr stärkte, indem man den »Franken« günstige Ansiedlungsmöglichkeiten bot (eine ganze Reihe von Orten heißt heute noch »Villafranca«). Ferner wurde der Orden der Santiagoritter gegründet, dessen Aufgabe es war, die Grenze gegen die Mauren mit Waffengewalt zu verteidigen. Der Pilgerbewegung ist es mit zu verdanken, daß Europa nicht von den Mauren erobert wurde, standen die islamischen Truppen doch 732 im Herzen Frankreichs, bis sie bei Tours und Poitiers von Karl Martell besiegt wurden.

An den Pilgerstraßen entstanden Kirchen, Klöster und Hospitäler. Die Kirchen wurden, besonders im 11. Jh., mit Reliquien ausgestattet, und es galt als lobenswert, wenn der Pilger alle diese Stätten aufsuchte. In einigen Kirchen zeigte man die Gräber der Missionare, die Frankreich christianisiert hatten, in anderen wiederum waren es wundertätige Marienbilder und Kruzifixe. Die Wallfahrt hatte für den mittelalterlichen Menschen und seinem Wunsch nach unmittelbarem Teilhaben an den Geschehnissen, von denen die Bibel berichtet, und seinem Wunderglauben einen viel konkreteren Hintergrund als für den modernen Wallfahrer. Es gab die Bitt-, die Dank- und die Sühnewallfahrt, die auch von kirchlichen und weltlichen Gerichten verhängt werden konnten. Eine besonders strenge Form stellte die sogenannte »Nacktwallfahrt« dar. Um die Reise anzutreten, brauchte man die Genehmigung der weltlichen und geistlichen Obrigkeit. Die Wallfahrt dauerte etwa ein Jahr und größere Gruppen wurden von berufsmäßigen Führern begleitet. Als Zeichen, daß man Santiago de Compostela erreicht hatte, kaufte man dort eine Pilgermuschel, um sie am Hut oder am Brotbeutel zu befestigen. →

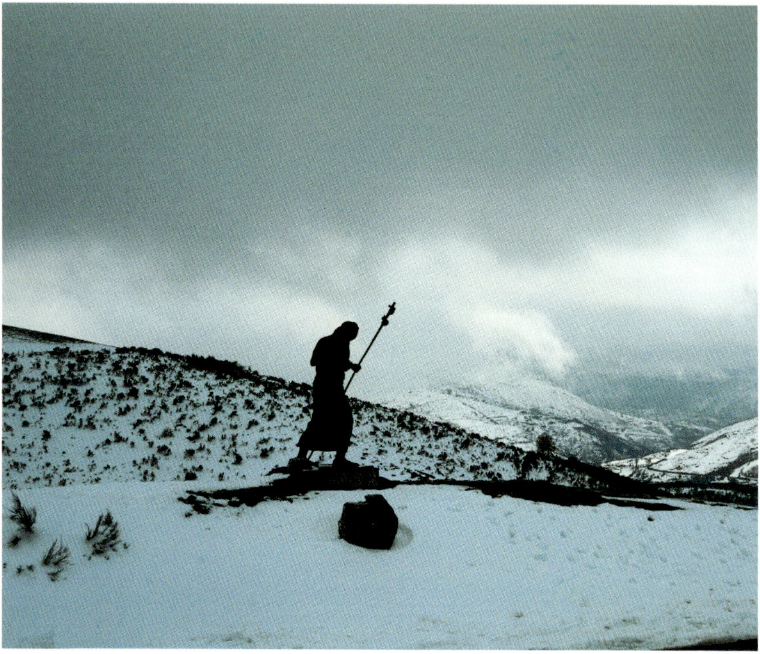

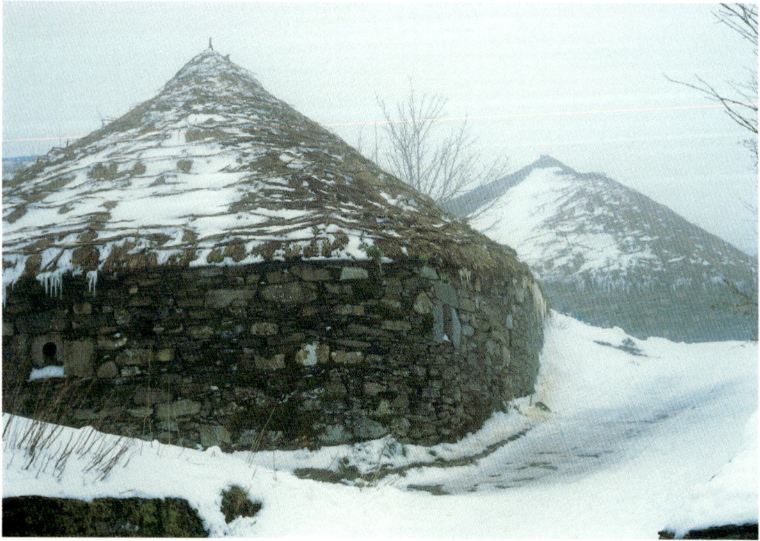

In den Klöstern und Hospitälern fanden die Pilger Unterkunft und Verpflegung; dabei war die Dauer des Aufenthaltes für Gesunde genau festgelegt. Während die Aufnahme für Arme unentgeltlich war, erwartete man, daß sich die Reichen durch Gaben erkenntlich zeigten. Die Stiftungen waren bald so groß, daß vielerorts prunkvolle Kirchenneubauten entstanden, von denen sich ein großer Teil bis in unsere Zeit erhalten hat. Mit den Pilgern zogen auch die Bauhandwerker von Kloster zu Kloster; in einigen Fällen können wir ihren Weg mittels ihrer Signaturen verfolgen, meistens sind wir allerdings auf die Methode der kunsthistorischen Stilkritik angewiesen.

Aber auch bestimmte Lieder und Legenden wurden von den Pilgern weitergetragen, vor allem die Sage von Roland, der im Kampf gegen die Sarazenen (in Wirklichkeit waren es wohl die Basken) den Tod fand. Die Legende verschmilzt die Jakobus- und die Rolandsage: in der *Vita Caroli*, dem sogenannten »Pseudo-Turpin« (das vierte Buch des *Codex Calixtinus*), die möglicherweise anläßlich der Heiligsprechung Karls des Großen 1165 geschrieben wurde, tritt der Kaiser als erster die Wallfahrt nach Santiago an. Auf dem Aachener Karlsschrein und im *Codex Calixtinus*, der in der Bibliothek in Santiago aufbewahrt wird, ist dargestellt, wie er dem Stern folgt, der ihn zum Grabe des Apostels führt.

Vom Monte do Gozo aus, dem »Hügel der Freude«, erblickten die Pilger zum ersten Male die drei Türme der Jakobuskirche von Santiago. Derjenige, der sie zuerst sah, erhielt den Namen »Pilgerkönig«, den er auf seine Kinder vererben durfte. Viele französische und spanische Familiennamen, die auf »Roi«, »Roy«, »Rey« lauten, haben hier ihren Ursprung. Die Bedeutung der Santiago-Pilgerbewegung wurde und wird von wissenschaftlicher und kirchlicher Seite gewürdigt und erlebt dadurch in unserem heutigen historischen Bewußtsein eine Renaissance. Man begreift, daß hier zum erstenmal und in einer überwältigenden Form eine »Europäische Gemeinschaft« entstanden ist.

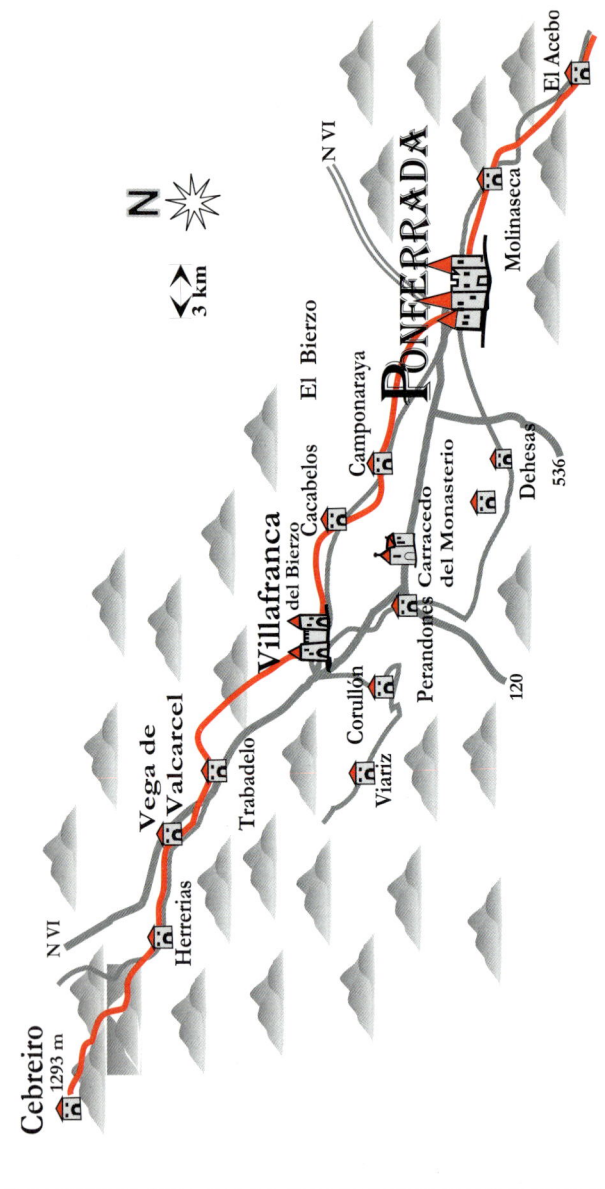

N

‹—›
3 km

Cebreiro
1293 m

Herrerias

N VI

Vega de
Valcarcel

Trabadelo

Villafranca
del Bierzo

Corullón

Viariz

Perandones

Carracedo
del Monasterio

Cacabelos

Camponaraya

El Bierzo

PONFERRADA

Molinaseca

El Acebo

N VI

Dehesas

536

120

Zwischen Foncebadón
und Manjarin erhebt
sich auf der Passhöhe
(1504 m) ein in Jahr-
hunderten gewachsener
Steinhaufen, aus dem
oben ein Kreuz herauss-
schaut, das
Cruz de Ferro.
Die Leute sagen, die
Tradition, einen Stein
auf den Hügel zu werfen,
sei genau so alt
wie der Camino.

Molinaseca
Restaurant;
Refugio San Roque

Ponferrada
Tourist Information;
Bahnstation;
Hotel/Restaurant; Refugio

Cacabelos
Refugio

Villafranca del Bierzo
Refugio; auf Wunsch
Gepäcktransport nach
Cebreiro

Vega del Valcarce
Hotel/Restaurant;
Refugio in der Schule

Cebreiro
Refugio; Schnee bis in
den Mai möglich!

Der Camino führt uns durch eine rauhe Gebirgsland-
schaft; durch verfallende Dörfer und vorbei an Radar-
anlagen kommen wir nach El Acebo und Riego de Ambrós.
Abraumhalden zeugen vom Kohlebergbau der Region; der alte
Pilgerweg folgte der Römerstraße, an Riego vorbei zur Brük-
ke von Malpaso (die Römer sollen sogar noch Gold im Rio Sil
gefunden haben). Über die Puente de los Peregrinos komm-
men wir nach Molinaseca und weiter nach

Ponferrada

das römische *Interamnium Flavium*, im 10. Jh. eine kleine
Siedlung um die mozarabische Kapelle Santo Tomás de las
Ollas. Erst im 12. Jh. bauten die Templer eine Burg und befestigten die Stadt mit Mauern, Toren und Türmen. Das Pilgerhospiz de la Reina aus dem 15. Jh. ließ Isabella von Spanien
errichten. Der Camino verläuft über Columbrianos in die
fruchtbare Ebene des Bierzo; blühende Obstgärten und grüne
Felder säumen den Weg nach Fuentes Nuevas und dem hüb-
schen Cacabelos, wo eine Brücke über den Rio Cúa führt.

Villafranca del Bierzo

Vor der Stadt, die ihre Bedeutung für die Wallfahrt im wesent-
lichen von Cluny erhielt, lag die Jakobuskirche, durch deren
»Heilige Pforte« jeder Pilger schritt. Dadurch erhielten seit
Mitte des 15. Jh. die Jakobspilger, die nicht mehr weiter konnten,
die gleiche Absolution wie in Santiago de Compostela. Wahr-
zeichen der Stadt sind die stattliche Burg der Markgrafen von
Villafranca mit runden Wehrtürmen aus dem 16. sowie die
Stiftskirche Santa Maria de Cluniaco.

*Dies sind die Namen der Strassenbauer, die zur
Zeit Kaiser Alfons von Spanien und Galicien
und des Papstes Calixt den Jakobsweg von
Rabanal bis zur Miño-Brücke aus Liebe zu
Gott und seinem Apostel instandsetzten... Es
geschah vor dem Jahr 1120 unter der Regierung des
König Alfons von Aragonien und Ludwigs des Dicken von
Frankreich...*

Hinter der Burbiabrücke wählen wir den neuen Weg,
der im Barrio de Tejedores beginnt und steil hinauf
in die Berge nach Pradela führt. Hinunter ins Tal und bei Vega
de Valcarce zweigt die N VI Richtung Pedrafita ab. Wir folgen
dem Bachverlauf bis Ruitelan und hinter Herrerías de Valcarce beginnt der steile Aufstieg (ca. 8 km) über La Faba nach
Cebreiro (Bild Seite 140 o.).

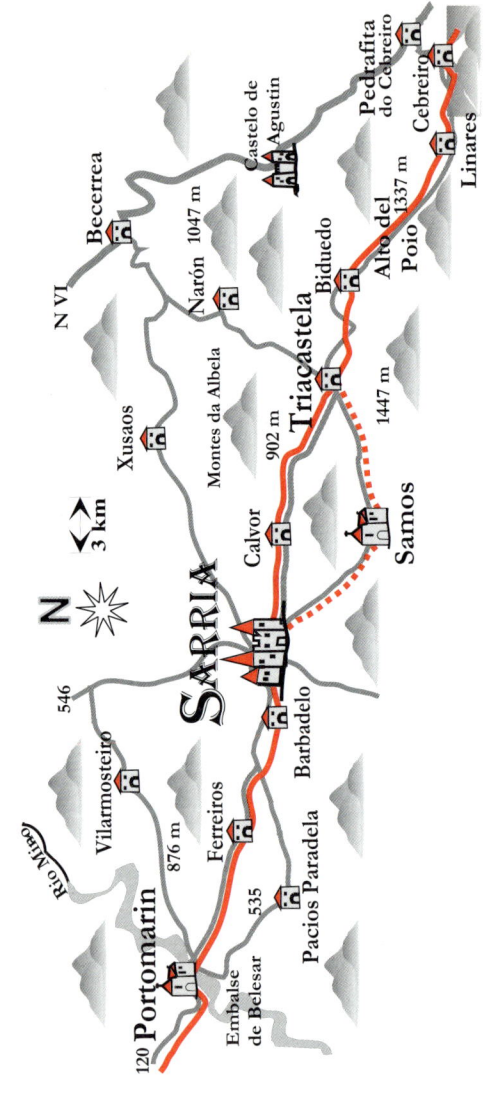

Río Miño

Becerrea

N VI

Narón 1047 m

Castelo de Agustín

Pedrafita do Cebreiro

Cebreiro

Linares

Alto del Poio 1337 m

Biduedo

Montes da Albela

Xusaos

Triacastela

902 m

1447 m

Samos

Calvor

N

3 km

546

SARRIA

Vilarmosteiro

876 m

Ferreiros

Barbadelo

535

Pacios Paradela

120 Portomarín

Embalse de Belesar

Hospital da Condesa
Refugio

Triacastela
Hotel/Restaurant;
Refugio

Samos
Hotel/Restaurant;
Refugio

Einige Gebäude des
Klosters wurden 1951
bei einem Brand in Mit-
leidenschaft gezogen,
so auch die Bibliothek,
die viele Pilgerberichte
des Mittelalters verwahrt.

Calvor
Refugio

Sarria
Hotel/Restaurant;
Refugio

Barbadelo
Refugio

Portomarin
Hotel/Restaurant;
Refugio; Camping

Die gestrige Etappe hat viel Kraft gekostet; eine Rast in der Pilgerherberge ist angesagt, mit Besichtigung der strohgedeckten Rundbauten, in denen ein kleines Museum eingerichtet ist. Gutes Essen und bei Bedarf Aufwärmen am Kamin gibt es in der Hospederia. Später geht es oberhalb des Tales nach Liñares und über eine Paßstraße zum Alto del Poio (1337 m; Bild S. 140 u.). Hinter Biduedo beginnt der direkte Abstieg nach Filloval, wo der Camino in den Hohlweg nach Triacastela mündet. Von den »Drei Burgen« ist nichts mehr zu sehen, doch wenn Sie sich am Pilgerdenkmal auf der Plaza do Concello für den linken Weg entscheiden, kommen Sie zum Benediktinerkloster Samos, eine der ältesten Klostergründungen (6. Jh.) und Mto.-Nacional Spaniens.

Ein anderer geht ihnen nach Barbadelo oder Triacastela entgegen und wenn er Pilger trifft, grüßt er und redet schlau: „Wenn ihr eine gute Herberge in Santiago haben wollt, quartiert euch in meinem Haus ein. Sagt meiner Frau und meiner Familie, sie mögen euch mir zuliebe gut versorgen. Ich werde euch ein Merkmal verraten, das ihr ihnen zeigen sollt." Mit diesen Worten gibt er ihnen ein Zeichen und schickt sie zu seinem Haus. Nachdem jene zu dessen Haus gekommen sind, sich einquartiert haben und ihnen die Frau dieses Wirtes das erste Gericht gebracht hat, verkauft sie Wachs im Wert von vier Münzen zu einem Preis von acht oder zehn. So werden die Jakobspilger von den Wirten betrogen....

Der Camino verläuft über Calvor nach Sarria; über eine Brücke kommen wir hinauf in die Altstadt, an deren höchstem Ort die Burg stand, von der noch ein Teil der Befestigungsanlagen zu sehen ist. Iglesia San Salvador (13. Jh.) und Convento de la Merced. Am Friedhof vorbei geht es hinunter ins Tal des Rio Celeiro, und über einen schönen, von Natursteinmauern gefaßten Weg durch Felder und Wiesen, vorbei an vielen kleinen Weilern und Gehöften, kommen wir nach Portomarin. Die Brücke führt über den Miño-Stausee, in dem die alte Templersiedlung verschwunden ist; ein beachtlicher Teil der alten Bauwerke wurde jedoch am neuen Standort wieder aufgebaut, so auch die Wehrkirche San Juan (12. Jh.) samt mächtigem Turm.

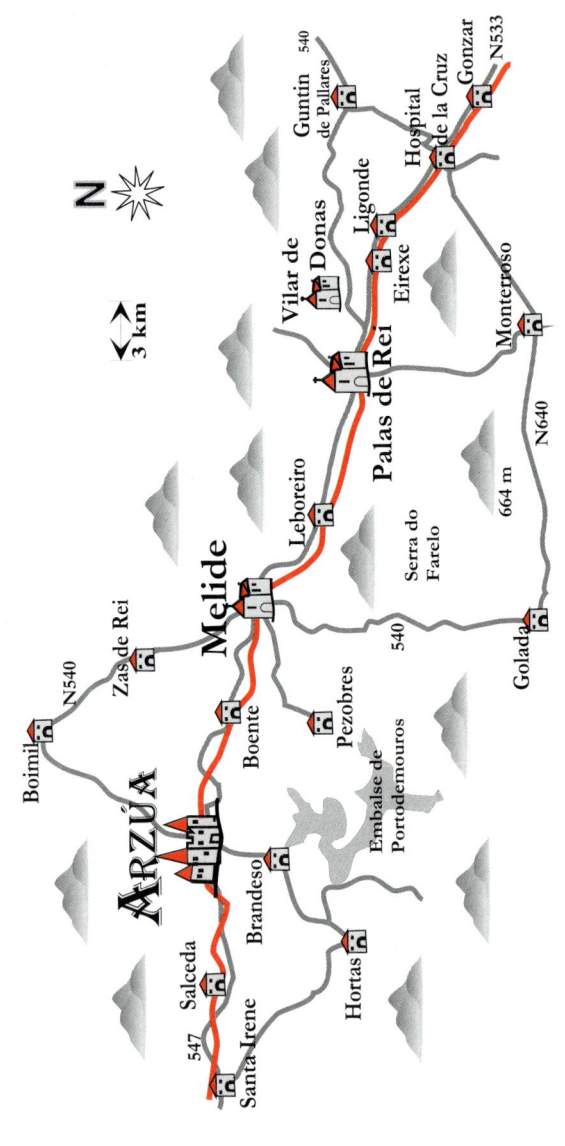

N

← →
3 km

Guntin de Pallares 540

Hospital de la Cruz

Gonzar N533

Vilar de Donas

Ligonde

Eirexe

Monteroso

Palas de Rei

N640

Serra do Farelo

664 m

Leboreiro

Melide

Zas de Rei

540

Golada

N540

Boimil

Pezobres

Boente

Embalse de Portodemouros

ARZÚA

Brandeso

Salceda

Santa Irene

Hortas

547

Die Straße führt uns den Monte San Antionio hinauf und auf Feldwegen erreichen wir Castromaior, Hospital de la Cruz und Palas de Rei. Alle Orte, Klöster und Pilgerherbergen an der Strecke haben ihren festen Platz in der langen Geschichte des Camino. Über die Ruxiàn-Brücke geht es teils entlang der Landstraße, teils durch Wälder, Wiesen und Felder nach San Xulián mit kleiner romanischer Kirche, und weiter nach Leboreiro. Die meisten Bauwerke sind aus Bruchsteinen gefertigt, so auch die alte Brücke von Furelos. Wir ziehen hinauf in die Altstadt von Melide und besuchen das Monasterio-Hospital de Sancti Spiritus, das im 14. Jh. aus einem älteren Bauwerk entstand, sowie Santa Maria de Melllid unten im Tal. Von der Burg der Bischöfe von Santiago de Compostela ist nichts erhalten geblieben.

Ebenso treffe der Bann die Wirtsmägde, die sich aus Hurerei und Geldgier auf teuflisches Geheiß nachts den Pilgerbetten zu nähern pflegen. Die Dirnen, die aus diesem Grund zwischen der Miño-Brücke und Palas del Rey an waldreichen Orten den Pilgern häufig entgegentreten, müssen nicht nur exkommuniziert, sondern von allen geplündert und durch Rümpfen der Nase öffentlich geächtet werden. Einzeln pflegen sie sich immer einem einzelnen darzubieten. Geliebte Brüder! Auf welche Art der Teufel seine unrechten Netze auswirft und den Jakobspilgern die Höhle des Verderbens öffnet, vermag ich nicht zu beschreiben....

Hinter Boente liegt der Ort Castañeda, wo aus den mitgeschleppten Steinen Kalk gebrannt wurde. Weiter geht es über Ribadiso und steile Feldwege hinauf nach Arzúa; auch hier die überall gegenwärtige Geschichte des Camino. Nun kreuzt der Weg mehrmals die Landstraße, und durch Eukalyptuswälder kommen wir nach Santa Irene. Morgen werden wir die letzte der 73 Landkarten unserer Reise aufschlagen - fast mit ein wenig Wehmut im Herzen - und doch voller Vorfreude auf unsere Ankunft in Santiago de Compostela. Mein Reisetagebuch hat die respektable Stärke einer Bibel angenommen, kaum kann es die letzten Notizen noch fassen. Morgen werden Sie genug mit sich selbst zu tun haben und deshalb sage ich schon heute „Auf Wiedersehen" - es war schön, mit Ihnen unterwegs gewesen zu sein.

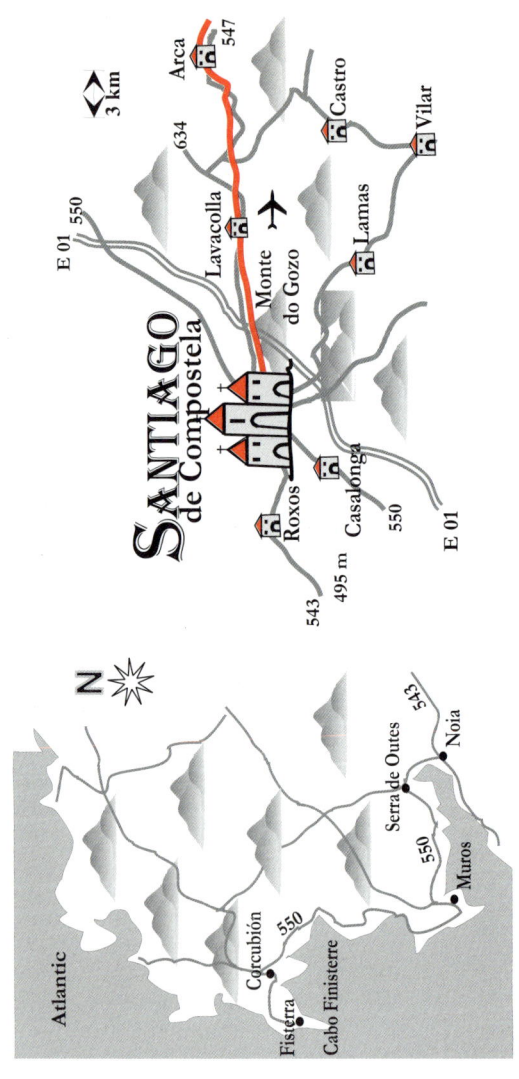

Arca-O Pino
Refugio

Monte do Gozo
Pilgerzentrum

Unser mittelalterlicher Reiseführer erzählt, daß sich die Pilger im Rio Lavacolla (gleichnamiger Ort beim Flugplatz) »aus Liebe zum Apostel« den Schmutz der Reise abwuschen. Dann näherten sie sich dem Monte do Gozo, sahen von dort zum ersten Mal auf das Ziel ihrer großen Sehnsucht und riefen „Mon joie - Mon joie" - so kam dieser Platz zu seinem Namen. Nun verlief der Pilgerweg über San Lázaro zum Puerta del Camino (Stadttor Francigena) und über die Via Sacra zum Paraíso, dem »Paradies«, wo als erstes Händler sich der Pilger annahmen.

Santiago de Compostela

__ Wegzeichen __

Halte einfach
einige Augenblicke
lang inne und
versuche, dich der
Macht der Liebe
zu öffnen.
Halte ein
und segne. Halte
ein und danke.
Nimm die Gaben
des Lebens zur
Kenntnis und teile
sie mit anderen.
ς

Kathedrale, errichtet 1072-1211 mit dem Grundriß eines lateinischen Kreuzes über der Grabstätte des hl. Jakobus auf dem *Pico Santo*, als Nachfolgerin eines kleinen Baus um 824 und einer 899 an dessen Stelle gesetzten Basilika, die von den Mauren unter Almansor 997 völlig zerstört worden war. Hinter der barocken Ummantelung des oft umgestalteten Bauwerks verbirgt sich der Kirchenbau des 11. und 12. Jh. An der Nordfassade an der Plaza de la Azabachería der Eingang zur linken Querschiffhälfte, die Puerta de Parroquia, erneuert 1765-70 mit Skulpturen von Gambino, oben der Heilige mit den verehrenden Königen Ordoño II. und Alfons III., unten eine Darstellung des Glaubens. An der Ostseite zunächst die antikisierende Puerta Real von 1666, dann links daneben an der Apsis

**Santiago de
Compostela**

Tourist Information
Rua del Villar 43;
Hotel/Restaurant;
Camping

**Domus
Santiagu Grot
E ultreia, e sus eia
Deus aia nos!**

die Puerta Santa; sie hat in einem Portalbau von 1694 die Granitfigu-ren der 24 Ältesten Israels vom 12. Jh. bewahrt. Diese Pforte wird nur im »Heiligen Jahr« geöffnet, d. h., wenn der Jakobustag (25.7.) auf einen Sonntag fällt, ein Recht, das Papst Calixtus II. 1124 der Pilgerkirche verliehen hat, während Rom selbst ein »Heiliges Jahr« erst seit 1300 begeht. An der Ecke der Südseite bei den Stufen die quadratische Torre de Reloj, 1316-1680, 72 m hoch, eine der größten Glocken der Welt tragend, deren Klang über 20 km weit zu hören ist. Links daneben die Puerta de los Platerìos (Pforte der Silberschmiede), ein Doppelportal an der rechten Querschiffhälfte, dessen Tympana und Gewände vielfältige Skulpturen des 11. Jh. tragen. Vor der Pforte konnten die Pilger ein silbernes Jakobuszeichen kaufen, das sie wie die

Jakobsmuschel *(pecten jacobaeus)*, heraldisches Zeichen für eine erfolgreiche Pilgerfahrt nach Santiago de Compostela, an ihrem Hut befestigten. Die Muschel wurde bereits im Mittelalter von den Händlern auf der Plaza de las Platerias an Pilger verkauft, die sie stolz am Hutband oder auf der Brust nach Hause trugen. Dadurch kennzeichnete sie den Pilger auf seinem Heimweg und schützte ihn, denn es galt als Todsünde, einem Pilger zu schaden. Noch heute befinden sich hier die Silberwarengeschäfte, in denen silberne Muscheln aller Größen angeboten werden, doch eine echte Muschel, wie man sie einst vor dem Nordportal erwarb, gibt es nicht mehr zu kaufen.

Nun um den Kreuzgang, der unter dem Dach Säulenfensterchen zeigt, herum zur Westfassade, auch »Obradoiro« genannt, am gleichnamigen Platz. Sie wurde 1738 unter Verwendung der doppelten Freitreppe von 1606 gestaltet, die als Basis dient. Die von der großen umlaufene kleinere Treppe innen führt hinab zur Capilla de San José, Rest der alten Kathedrale aus dem 11. Jh. mit herrlichen Kapitellen und dem alten Hauptaltar des 10. Jh. Die rechteckigen, abgesetzten und kuppel-gekrönten Türme beiderseits sind 75 m hoch; eine Besteigung dieser oder auch der Galerie bietet inter-essante Einzelheiten der Steinmetzarbeiten und eine schöne Stadtübersicht. Der Giebel dazwischen trägt hoch hinauf churriguereskenken Zierat, Figuren und Reliefs, im Giebelfeld das Jakobskreuz. Der linke Türbogen des Pórtico de la Gloria zeigt »Jesus unter den Juden«, die mittlere »Jesu Herrlichkeit«, der rechte »Jesus unter den Ungläubigen«, ferner ein »Jüngstes Gericht« und eine »Apokalypse«, Werke des Meisters Mateo, 1168-88, im ganzen wohl die schönste romanische Portalanlage überhaupt (Bild Seite 167 o.). Dahinter stauen sich die Menschen und legen ergriffen die Finger der rechten Hand in die Vertiefungen am »Arbol de Jesé«, dem Lebensbaum Jesu Christi und der gesamten Menschheit.

 *Mit übermäßiger Freude bewundert man die große Schar der Pilger, die beim ehrwürdigen Altar des Hl. Jakobus Nachtwache hält.... Man hört dort die verschiedensten Sprachen... Gespräche und Lieder der Deutschen, Engländer, Griechen und der anderen Stämme und Völker auf dem gesamten Erdkreis.... Wer traurig herkommt, zieht froh zurück... Alle Tage und Nächte gleichen einem ununterbrochenen Fest in steter Freude zur Ehre des Herrn und des Apostels. Die Türen dieser Basilika bleiben Tag und Nacht unverriegelt, und die Dunkelheit kehrt doch niemals ein, weil sie durch das helle Licht der Kerzen und Fackeln wie am Mittag leuchtet. Dorthin begeben sich Arme und Reiche, Räuber, Reiter, Fußgänger, Fürsten, Blinde, Gelähmte, Wohlhabende, Adlige, Herren, Vornehme, Bischöfe, Äbte, manche barfuß, manche mittellos, andere aus Gründen der Buße mit Eisen beladen...*

Das Innere der Kathedrale ist dreischiffig mit Stützenwechsel und Galerien, ebenso die Querung. Die Vierung wird von 4 Bündelsäulen getragen. Das Hauptschiff ist neuerdings frei, so daß man von der Pforte auf das Allerheiligste blickt. Auf dem Trumeau rechts thront Jakobus, christusähnlich, Schriftrolle und Hirtenstab in Händen. Die heutige Form der Capilla Mayor über dem Apostelgrab stammt vom 17. Jh., seitlich in einer Metallsäule die Pilgerstäbe der hll. Jakob und Franz von Siena; Marmorhochaltar mit silbernem, Jaspis verwendendem Aufsatz; Silbertabernakel von 1701 mit der Figur der Unbefleckten. Ein silberner Schrein umschließt die große Sitzstatue des Apostels, das »Wallfahrtsbild« als stark übermalte Plastik des 13. Jh. Eine kostbare Pelerine aus Silber, mit Perlen und Edelsteinen ausgelegt, verdeckt den Körper der Gestalt fast völlig. Darüber die

CAPITULUM hujus Almae Apostolicae et Metropolitanae Ecclesiae Compostellanae sigilli Altaris Beati Jacobi Apostoli custos, ut omnibus Fidelibus et Peregrinis ex toto terrarum Orbe, devotionis affectu vel voti causa, ad limina Apostoli Nostri Hispaniarum Patroni ac Tutelaris **SANCTI JACOBI** convenientibus, authenticas visitationis litteras expediat, omnibus et singulis praesentes inspecturis, notum facit: ....

hoc sacratissimum Templum pietatis causa devote visitasse. In quorum fidem praesentes litteras, sigillo ejusdem Sanctae Ecclesiae munitas, ei confero.

Datum Compostellae die ...... mensis ...... anno Dni ......

Secretarius Capitularis

Schnitzgruppe des Apostels mit 4 knienden Königen. In der Altarkuppel Reiterstandbild des Heiligen von Mateo de Prado 1677, zu dem eine Treppe führt. In der Vierung der »Botafumeiro«, ein riesiges Weihrauchgefäß, das während des Hochamts durch die Kirche pendelt.

Nach einem Rundgang durch die unzähligen Kapellen wenden wir uns der Krypta unter dem Hauptaltar zu. Hier liegt das Grab des Apostels Jakobus in einer Nekropole, die um das Jahr 820 entdeckt wurde und die, wie archäologische Forschungen

ergeben haben, vom 1. Jh. nach Christus bis zu jener Zeit als Begräbnisstätte gedient hat. Später sehen wir die Plastik des »Santiago Matamoros« auf dem Pferd, in der rechten Hand das erhobene Schwert; es erinnert uns wieder einmal daran, daß die Jakobussage des Mittelalters sehr viel mit kämpfen zu tun hatte.

Ringen um Glauben und Freiheit - auch wenn sich Zeit und Mittel überholt haben, diese Wanderung hat uns darin bestärkt, daß solche Ziele unverändert Gültigkeit haben.

Kleiner Sprachführer Französisch

Frau	Madame	ja, nein	oui, non
Fräulein	Mademoiselle	ok/in Ordnung	d'accord
Herr	Monsieur	wie geht's?	ca va?
Hallo	salut	Verzeihung	pardon
Guten Tag	bonjour	keine Ursache	pas de quoi
Guten Abend	bonsoir	nicht verstehen	ne comprends pas
Gute Nacht	bonne nuit	ich bin müde	je suis fatigué(e)
Auf Wiedersehn	au revoir	freies Zimmer	chambre libre
danke, bitte	merci, s'il v. plaît	was kostet das?	ca-fait combien
ja, nein	oui, non	der Preis	le prix
gestern	hier	billig, teuer	bon marché,cher
heute	aujourd'hui	Einladung	invitation
morgen	demain	Kellner	garcon
ich weiß nicht	je ne sais pas	bestellen	commander
der Tag	le jour	zahlen	l'addition s.v.p.
die Woche	la semaine	der Tisch	la table
Monat	mois	Speisekarte	carte
Jahr	an, année	ich bin hungrig	j'ai faim
ich, du, er, sie	je, tu, il, elle	ich bin durstig	j'ai soif
wir, ihr,	nous, vous	ich möchte..	je voudrais..
sie (m/f)	ils, elle	wir nehmen	nous prenons
Verabredung	rendez-vous	das Brot	le pain, baguette
was ist das?	qu' est-ce que c'est	Mineralwasser	l'eau minerale
sprechen Sie	parlez vous	heiß, kalt	chaud, froid
Deutsch?	allemand?	viel, wenig	beaucoup, peu
Englisch?	anglais?	das genügt	ca suffit
alles, nichts	tout, rien	0, 1, 2,	zéro, un, deux
wann, wo	quand, où	3, 4,	trois, quatre
warum	pourquoi	5, 6, 7,	cinq, six, sept
wer, was	qui, quoi	8, 9,	huit, neuf
langsam	lent	10, 20,	dix, vingt
schnell	vite, rapid	50, 100	cinquante, cent
Weg	chemin	klein, groß	petit, grand
rechts	droite	wo ist...?	où est..
links	gauche	Toiletten	toilettes, WC
geradeaus	tout droite	offen	ouvert
welche Richtung	quelle direction	geschlossen	fermé
oben, unten	en 'haute/bas	Hilfe	au secours
Bank/Geld	banque, argent	der Arzt	docteur
wechseln	changer	Krankenwagen	ambulance
ich kaufe	j'achète	Krankenhaus	hôspital
die Post	la poste	Apotheke	pharmacie
die Briefmarke	le timbre	Dorf	village
ich möchte nach	je veux aller à...	Gasthaus	Auberge
ist dies der Weg	est-ce le chemin	Bauernhof	ferme
wie lange...?	combien de temps	Quelle	source
wieviel Uhr...?	Quelle heure est-il	Zelt	tente
der Markt	marché	Reiseführer	guide
Stadtmitte	centre ville	Landkarte	carte
Rathaus	mairie	gesperrte Straße	route barrée
Wetterbericht	météo	Kreuzung	carrefour

Wenn Sie bereits eine romanische Sprache (z.B. Französisch, Italienisch) können, wird Ihnen Spanisch, besser gesagt Kastilisch oder Castellano, nicht allzu schwer fallen. Auf dem Camino begegnen Ihnen aber auch noch Baskisch oder Euskera (im Baskenland), Katalanisch (in Katalonien), und Galicisch oder Gallego (in Galicien).

Herr	señor	ja, bitte	sí, por favor
Frau	señora	nein, danke	no, gracias
Fräulein	señorita	schon gut	de nada
Hallo	hi olá	ok/in Ordnung	está bien
Guten Tag	buenos días	Entschuldigung	disculpe
Guten Abend	buenas tardes	nicht verstehen	no comprendo
Gute Nacht	buenas noches	ich bin müde	estoy cansado
Auf Wiedersehen	adiós	freies Zimmer	habitación libre
ich heiße..	me llamo..	was kostet das?	cuánto cuesta?
ich komme aus..	soy de..	der Preis	el precio
gestern	ayer	billig, teuer	barato, caro
heute	hoy	der Tisch	la mesa
morgen	mañana	Speisekarte	la carta
(Feier-)Tag	día (de fiesta)	ich bin hungrig	tengo hambre
die Woche	la semana	ich bin durstig	tengo sed
Monat, Jahr	mes, año	ich nehme	tomo
ich, du, er, sie	yo, tú, él, ella	das Brot	el pan
wir, ihr	noso-/voso-tros	ich trinke	bebo
sie (m/f)	ellos/m, ellas/f	Mineralwasser	aqua mineral
wie geht es?	cómo está?	heiß, kalt	caliente, frio
was ist das?	qué es eso?	viel, wenig	mucho, poco
sprechen Sie..	habla usted..	Kellner, zahlen	camarero, pagar
Deutsch?	alemán?	0, 1, 2,	cero, uno, dos
Englisch?	inglés?	3, 4,	tres, cuatro,
Französisch?	francés?	5, 6, 7,	cinco, seis, siete,
Entschuldigung	perdón	8, 9,	ocho, nueve,
macht nichts	no importa	10, 20,	diez, veinte,
alles, nichts	todo, nada	50, 100	cincuenta, cien,
wann, wo	cuando, dónde	klein	pequeño
warum	por qué	groß	grande
wer, was	quien, qué	wo ist...?	dónde está el...
langsam	desbacio	Toiletten	los servicios
schnell	rápido	offen	abierto
rechts	a la derecha	geschlossen	cerrado
links	a la izquierda	das Zelt	la tienda
geradeaus	todo derecho	Arzt brauchen	necesito médico
welche Richtung	qué dirección	die Apotheke	la farmacia
Treffpunkt	punto encuentro	Gefahr	peligro
oben, unten	arriba, abajo	wieviel Uhr...?	qué hora es?
Bank	banco	wie lange...?	cuánto tiempo
Geld wechseln	dinero cambiar	ich möchte nach.	quisiero ir a..
kaufen	comprar	Straße nach..	carretera hacia..
die Post	Correos	ist es noch weit bis	queda mucho para
die Briefmarke	el sello	können Sie mich	Puede llevarme
das Dorf	el pueblo	bis...mitnehmen?	hasta....?
die Altstadt	el casco antiguo		

154

Mailleronfaing	25	Monistrol d'Allier	72	Onzillon	70
Malatray	66	Monsols	56	Onzonilla	132
Malause	98	Mont	48	Orbaneja	126
Malay	48	Montagny-lès-Buxy	46	Orbigny	32
Malbouzon	75	Montagny-sur-Grosne	56	Orches	42
Manciet	106	Montbonnet	72	Orthez	112
Mandelot	40	Montbrun	92	Osorno	128
Maneru	122	Montcuq	96	Ostabat	115
Manjarin	134	Monterroso	146	Otano	120
Mansilla de las Mulas	132	Montescot	98	Ouroux	56
Mansilla Mayor	132	Montfaucon en Velay	64	Pacios Paradela	144
Mansonville	100	Montgros	75	Palas de Rei	146
Manzanares de Rioja	124	Montillet	56	Pamplona	120
Maquis de Grandrupt	27	Montlandon	32	Pari-Gagne	56
Marcenod	62	Montlauzun	97	Paris-l'Hôpital	42
Marcerin	112	Mont-lès-Lamarche	30	Paternáin	120
Marchastel	75	Montréal	104	Pech Ollié	93
Marcilly-en-Bassigny	31	Montredon	86	Pedrafita do Cebreiro	144
Marey	28	Montromant	61	Pedrosa del Principe	128
Marsolan	101	Montrottier	60	Peigney	32
Martigny-les-Bains	28	Morales	124	Pélissier	98
Mas de Vers	94	Morizécourt	28	Pellerey	38
Maslacq	112	Morlanne	109	Perandones	142
Massilly	50	Mouchan	104	Perrogney	34
Mauries	108	Moudeyres	68	Pezobres	164
Mavilly-Mandelot	40	Mt St-Rigaud	56	Pimbo	108
Mazet-St-Voy	67	Mt.Mézenc	68	Plesnoy	32
Mazille	50	N.-Dame de Muret	112	Plieux	101
Meaux-la-Montagne	59	Nabas	114	Plombières-lès Dijon	37
Melgar de Fernamental	128	Nájera	124	Plombières-les-Bain	25
Melide	146	Nantoux	40	Población de Campos	128
Mellecey	46	Narón	144	Poiseul-lès-Saulx	36
Meloisey	40	Nasbinals	75	Pommard	40
Mendavia	122	Navarrenx	112	Pomps	109
Mercurey	42	Navarrete	124	Ponferrada	142
Méritein	112	Nogaro	106	Pont-de-Pany	38
Messangès	38	Noidant	34	Ponteils	70
Messigny-et-Vantoux	37	Noilhac	86	Portomarin	144
Metzeral	20	Nolay	42	Poule-les-Echarmeaux	58
Miradoux	100	Nothalden	14	Pradoluengo	124
Miramont-Sensacq	108	Noulens	106	Prenois	37
Mittelbergheim	14	O Cebreiro	142	Présailles	68
Moissac	98	Obanos	120	Prinsuéjols	75
Molinaseca	142	Obernai	14	Propieres	58
Molsheim	14	Olmillos de Sasamón	128	Provenchères-lès-Darney	28

Literaturverzeichnis (Auswahl)

Codex Calixtinus auch *Liber Sancti Jacobi* genannt; eine aus fünf Büchern bestehende Handschrift aus der Zeit Papst Calixt II. (1119 -1124) über die wunderbare Geschichte des Apostels Jakobus. Die Berichte über den Pilgerweg stammen aus dem Vierten Buch des *Codex Calixtinus*, als dessen Verfasser Aymeric Picaud gilt. Das Original wird im Archiv der Kathedrale von Santiago de Compostela aufbewahrt; eine Faksimileausgabe ist erschienen.

Le Guide du pèlerin de St. Jacques-de-Compostelle; Jeanne Vielliard, Librairie Philosophique Vrin, 1984

Der Jakobsweg Mit einem mittelalterlichen Pilgerführer unterwegs nach Santiago de Compostela; Klaus Herbers, Gunter Narr Verlag Tübingen 1995

Chemin St.Jacques du Puy-en-Velay à Roncevaux par le GR 65; Laborde-Balen/Day, Féd. Francaise Randonnée Pédestre Paris

St.Jacques en Espagne Le guide du pèlerin; G. Bernès 1979

Unterwegs nach... Santiago - Auf den Spuren der Jakobspilger; P.Barret/J.N.Gurgand, Herder Freiburg 1982

Das Geheimnis der.. Pilgerstraßen - Santiago de Compostela; L. Charpentier, Walter Verlag Olten 1979

Der Jakobsweg Praktischer Pilgerführer; Millán Bravo Lozano, Editorial Everest, Leon 1997

Tabula Peutingeria eine auf der Grundlage des *Itinerarium Antonini* erstellte Landkarte aus dem 4. Jh., in einer Reproduktion von Konrad Miller, 1887

Grieben Reiseführer Die geschichtlichen Hintergrundinformationen der Route durch Frankreich sind (mit freundlicher Genehmigung des Grieben-Verlags, Ostfildern) den Bänden Elsaß, Burgund und Südwestfrankreich entnommen.

Merian Baskenland, Asturien, Galicien; Städte und Landschaften Hoffmann und Campe Hamburg 1974

Wegzeichen Anthony de Mello, Der springende Punkt; Herder (M)
D. Steindl-Rast, Musik der Stille; Knaur (S)

Landkarten Wanderkarte des Vogesenclubs: Blätter Mont Ste.Odile - Thann/Guebwiller; IGN Institut Géographique National; Straßenkarten: Michelin; Blay-Foldex; RV-Verlag; Cartografia del Camino Los Amigos del Camino de Santiago, Estella

Bildnachweis Historische Karte auf den Umschlaginnenseiten mit freundlicher Genehmigung der Österreichischen Nationalbibliothek Wien. Bilder Seiten 137 und 167 o. von E. Legler, Friedrichshafen.

Zeittafel   *Westeuropa*

30000-10000 v. Chr.	Höhlenmalerei in Südfrankreich und Nordspanien
ab ca. 4500 v. Chr.	Neolithikum; Megalithkultur (Dolmen)
um 600 v. Chr.	griech. Phokäer gründen Massilia und Ampurias
ab 600 v. Chr.	Kelten wandern nach Frankreich und Spanien
121 v. Chr.	Gallia Narbonensis der Römer
109-101 v. Chr.	Germanen (Kimbern, Teutonen) in der Provence
58-51 v. Chr.	Die Römer unter Cäsar erobern Gallien; Pax Romana
44 nach Christus	Jakobus wird von Herodes Agrippa hingerichtet
ca.300-600 n. Chr.	Die Völkerwanderung
418-507 n. Chr.	Westgoten im Süden Galliens und Nordspanien
um 400 n. Chr.	Franken erobern Gallien
411-588 n. Chr.	Suebenreich in Nordspanien
ab 443 n. Chr.	Burgunder im Rhoneraum
ab 449 n. Chr.	Kelten (Bretonen) siedeln in der Bretagne
451 n. Chr.	Attila und die Hunnen verlieren die Schlacht auf den katalaunischen Feldern (bei Troyes)
481-752 n. Chr.	Merowinger
711 n. Chr.	Die Araber beenden das Westgotenreich in Spanien
718 n. Chr.	Die Westgoten siegen bei Covadonga über die Mauren; Gründung des Königreichs Asturien
732 n. Chr.	Sieg Karl Martells bei Poitiers
752-987 n. Chr.	Karolinger
755 n. Chr.	Omaijaden in Andalusien
778 n. Chr.	Karl der Große in Nordspanien
um 785 n. Chr.	Erstes asturisch-galicisches Loblied auf Jakobus
800 n. Chr.	Kaiserkrönung Karls des Großen in Rom
um 820 n. Chr.	**Entdeckung des Jakobusgrabs bei *Iria Flavia***
834 n. Chr.	Jakobus wird zum »Patron Spaniens« erhoben
843 n. Chr.	Vertrag von Verdun; Teilung des Frankenreichs
844 n. Chr.	Schlacht bei Clavijo; »Santiago Matamoros«
899 n. Chr.	Erste Jakobuskirche in Santiago
ab etwa 900 n. Chr.	Verbreitung der Grabfindungslegende in Europa
910 n. Chr.	Gründung Clunys
925 n. Chr.	Königreich León
um 930 n. Chr.	Erste Pilger aus Deutschland und Frankreich
997 n. Chr.	Al-Mansur verwüstet Santiago
1005-1035 n. Chr.	Sancho III. herrscht über das christl. Spanien
1013 n. Chr.	Zerstörung Cordobas
um 1079 n. Chr.	Frankenweg (*iter francorum*) als Vorläufer des Camino
1085 n. Chr.	Kastilien nimmt Toledo ein
1094 n. Chr.	El Cid erobert Valencia
1096-1270 n. Chr.	Die Kreuzzüge
1118 n. Chr.	Aragon erobert Saragossa
um 1130 n. Chr.	*Liber Miraculis* - Wunder in Santiago de Compostela
um 1140 n. Chr.	*Codex Calixtinus* des burgundischen Papstes Calixt II.
1234 n. Chr.	Navarra fällt an Frankreich
1236 n. Chr.	Kastilien erobert Córdoba; Aragon erobert Valencia
1309-1377 n. Chr.	Päpste in Avignon
1339-1453 n. Chr.	Hundertj. Krieg zwischen Frankreich und England
1492 n. Chr.	Granada fällt

 Reisenotizen

---

Adressen

Deutsche St. Jakobus-Gesellschaft
Harscampstr. 20, D-52062 Aachen
Tel. 02 41-47 901 27

St.-Jakobusbruderschaft Düsseldorf
Rathausstr. 29,< D-42659 Solingen
Tel. 02 12-81 57 47

Société des Amis de Saint-Jacques
4, square du Pont de Sèvres
F-92100 Boulogne-sur-Seine

Fränk. St. Jakobus-Gesellschaft
Keesburgstr. 1 D-97074 Würzburg
Tel. 09 31-79 72 60

Ultreia Verein zur Förderung
der mittelalterlichen Jakobswege
Löwenstr. 61, D-70597 Stuttgart

Les Amis des chemins de St. Jacques
Route de Cugy, CH-1052 Le Mont und
Schützenstr. 19, CH-8702 Zollikon

Reisenotizen

Wandern und Radwandern in Frankreich, der Schweiz und Nordwest-Spanien

Radwandern in Frankreich
im Elsaß (Route du Vin) und den Vogesen (Routes des Crêtes), in Burgund (Taizé), von der Auvergne (Le Puy-en-Velay) zu den Pyrenäen (St. Jean-Pied-de-Port)

Radwandern in Spanien
auf dem Camino durch Navarra, Rioja, Kastilien und Galicien

Wandern in der Schweiz
z.B. Schwabenweg, Mittellandroute

in Südostfrankreich:
durch die Savoyer Voralpen (GR 9) und das Vivarais (GR 420) nach Le Puy; auf dem Rhône-Höhenweg (GR 42) nach Avignon und Arles

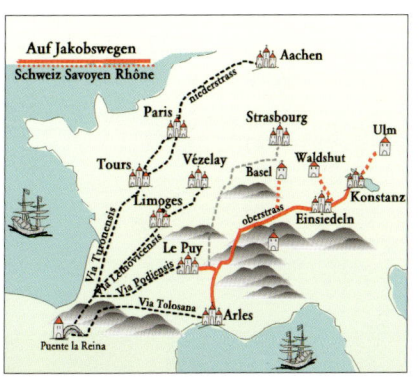